FILIPPO MARIA CAILOTTO

SOLDI DAGLI SPONSOR

Strategie di Marketing e Segreti per Negoziare con Successo le Sponsorizzazioni Per i Tuoi Eventi

Titolo

"SOLDI DAGLI SPONSOR"

Autore

Filippo Maria Cailotto

Editore

Bruno Editore

Sito internet

http://www.brunoeditore.it

Sommario

Introduzione

"Se ben fatta, la sponsorizzazione è la più intelligente forma di comunicazione, relazioni esterne e relazioni pubbliche a noi disponibile oggi"

Umberto Agnelli

(Atti della Conferenza "Culture counts", Firenze 1999)

Il reperimento di fondi (*fundraising*) per coprire i costi preventivati nel corso della progettazione di un evento è uno dei compiti fondamentali – e forse, tra questi, il più determinante – che ogni organizzatore deve portare a compimento per poter guardare con fiducia alla fattibilità del progetto. Tra le varie fonti di risorse disponibili, le sponsorizzazioni stanno incrementando la loro importanza, sia a causa dei sempre più ridotti fondi a disposizione degli enti pubblici, sia per una crescente consapevolezza da parte delle imprese dell'efficacia comunicazionale di questo strumento nei confronti di target specifici di pubblico.

Questo corso è un ideale proseguimento di Organizzare Eventi già pubblicato con la Bruno Editore. Quest'ultimo tratta, infatti, di tutti gli aspetti correlati alla pianificazione delle strategie di marketing, degli eventi e della loro realizzazione, toccando anche le problematiche relative alle attività di reperimento delle risorse per il finanziamento del progetto, ma senza poter esaurire l'argomento. Per questioni sia di spazio sia di "focus" del testo, volto a dare una visione a 360 gradi delle tematiche relative alla pianificazione strategica degli eventi, non era infatti la sede per affrontare in modo esaustivo le metodologie di reperimento fondi.

Il corso che stai leggendo entra invece nel dettaglio di uno degli aspetti principali del *fundraising*, le strategie relative all'acquisizione di sponsorizzazioni, oggi non solo una delle principali fonti di risorse per ogni categoria di evento, come dicevamo, ma anche, probabilmente, quella più a portata di mano per chiunque sia in grado di proporsi in modo credibile.

Con questo lavoro ti propongo le migliori strategie di pianificazione del processo di ricerca e di definizione delle opportunità di sponsorizzazione in un'ottica di marketing, nella considerazione che questa tipologia di *fundraising* degli eventi, se strutturata e proposta in modo professionale, può costituire per lo sponsor una delle migliori opportunità per entrare in contatto con mirati segmenti di pubblico.

Proprio così: non è lo sponsor che ti fa un favore a concederti una sponsorizzazione, ma si tratta realmente di uno scambio alla pari, nell'interesse di entrambi.

È, infatti, cambiato profondamente il marketing strategico del mondo aziendale, non più orientato alla *quota di mercato*, ma alla *soddisfazione del cliente.*

Un'azienda tiene in modo particolare ad assicurarsi che la relazione con il proprio cliente attuale o potenziale sia sempre più qualificata. Il tuo compito è quindi quello di dimostrare che il tuo pubblico di riferimento è lo stesso, o è molto simile, a quello dell'azienda cui proponi la sponsorizzazione dell'evento, e che la tua manifestazione potrà concorrere a migliorare l'immagine e la comunicazione dello sponsor nei confronti del target cui si rivolge prioritariamente.

Come diceva Umberto Agnelli, la sponsorizzazione deve però essere "ben fatta", ossia deve essere perfettamente integrata nelle strategie di comunicazione e di qualificazione della relazione dell'azienda con il cliente. Una sintonia di comunicazione siffatta offrirà addirittura le condizioni per portare a una partnership tra sponsor e organizzazione di eventi, per una relazione molto stretta e duratura.

Molto spesso chi si occupa di eventi, e in generale chi è alla ricerca di sponsorizzazioni, ha una notevole conoscenza della tipologia di evento che sta organizzando, ma sa poco o nulla delle esigenze delle aziende e di come poter comunicare con loro utilizzando lo stesso linguaggio. Di questo intendono parlarti le pagine che stai per leggere, aprendo una finestra sul modo di pensare del tuo interlocutore.

Un altro potenziale beneficiario di questo lavoro è chi opera presso l'amministrazione pubblica, sempre più spesso alla ricerca di sostegno da parte del mondo dell'economia. Se sei tra questi, troverai indicazioni precise su come muoverti e su come favorire le modalità di collaborazione con le aziende del tuo territorio, in un'ottica non autoreferenziale, ma di apertura nei confronti dei soggetti economici dell'area.

In ultima analisi, in questo corso potrai trovare le motivazioni, le strategie e le modalità che ti permetteranno di entrare in sintonia con il mondo delle imprese, di capire le loro esigenze, di rispondere ai bisogni con proposte adeguate.

Tuttavia devi essere consapevole che i risultati arriveranno solo se metterai tutto il tuo impegno e la tua determinazione per impadronirti dei concetti che via via ti presenterò: solo presentandoti con professionalità e con strategie adeguate sarai in grado di conquistare quella credibilità che ti permetterà di ottenere i migliori successi.

Allora, sei pronto? Buona formazione!

CAPITOLO 1:
Come reperire le risorse per il tuo evento

Come finanziare un evento: le sponsorizzazioni e la strategia complessiva di fundraising

Una volta che, come ti ho insegnato in Organizzare Eventi, avrai definito il piano dei costi da sostenere per la realizzazione della tua manifestazione, dovrai identificare le risorse che ti permetteranno di coprire le spese e di mantenere quindi l'equilibrio di budget.

Le principali forme di finanziamento di un evento possono essere riunite in tre gruppi:

- **fonti proprie:** box office, merchandising, attività collaterali;
- **finanziamenti privati:** sponsorizzazioni, erogazioni liberali;
- **finanziamenti pubblici:** Enti locali, Regione, Stato, Programmi dell'Unione Europea, altre Istituzioni.

È indispensabile una *strategia finanziaria*: devi tener conto di tutte le fonti possibili e, per ogni opportunità che avrai identificato, dovrai definire una serie di attività finalizzate a cogliere il miglior risultato.

Una panoramica sulle diverse strategie da applicare alle varie fonti di risorse è stata fatta nel citato corso Organizzare Eventi (*Il reperimento delle risorse,* pagg. 225-231). Ora andremo a conoscere in dettaglio le modalità per il reperimento dei finanziamenti privati, e in particolare le sponsorizzazioni.

Capire la differenza tra sponsorizzazioni ed erogazioni liberali

Innanzitutto occorre comprendere cosa differenzia queste due tipologie di finanziamento privato. La differenza sostanziale consiste nel fatto che nella sponsorizzazione a fronte del finanziamento dello sponsor esiste un obbligo da parte dello sponsorizzato (o *sponsee*). Così non è nelle erogazioni liberali.

SEGRETO n. 1: la differenza tra *sponsorizzazione* ed *erogazione liberale* sta nel fatto che nella prima chi riceve il danaro si obbliga a delle specifiche controprestazioni, mentre

nella seconda non esiste alcuna contropartita.

Più in dettaglio, la *sponsorizzazione* si distingue dall'erogazione liberale per **tre caratteristiche** (Regione Lombardia – Osservatorio Culturale, Gruppo Giovani Industriali Assolombarda, a cura di, *Dalla sponsorizzazione all'investimento in cultura*, Milano, 1998):

- esistenza di un contratto tra le parti (la forma scritta è richiesta per la prova del rapporto);
- obbligo dello sponsorizzato di pubblicizzare il prodotto dell'impresa o la sua immagine con specifiche prestazioni e altri obblighi di fare;
- correlazione della spesa di sponsorizzazione con intento di conseguire benefici economici per l'impresa.

Una speciale sintonia

Ottenere *erogazioni liberali* o *sponsorizzazioni* significa aver creato, in entrambi i casi, una *speciale sintonia* con un soggetto privato (aziende, o anche, nel primo caso, persone fisiche), ma il nostro comportamento nei suoi confronti sarà dunque nei due casi ben diverso: non vi saranno impegni formali da parte nostra come contropartita nel caso dell'erogazione liberale, vi saranno invece precisi obblighi definiti da un contratto nel caso della sponsorizzazione.

In cosa consiste la speciale sintonia di cui parlo? Nel caso dell'*erogazione liberale* la sintonia è negli **obiettivi**: la *mission* dell'organizzazione trova la convinta adesione, non solo morale, da parte del soggetto sostenitore che arriva al sostegno fattivo e concreto attraverso un'erogazione in denaro. È questo il caso di organizzazioni sociali e umanitarie (Croce Rossa Italiana, Medici Senza Frontiere, Emergency, Telefono Azzurro, Amnesty International, solo per citarne alcune), oppure di organizzazioni che si occupano di ricerca in campo medico-scientifico (AIRC - Associazione Italiana per la Ricerca sul Cancro, Fondazione Umberto Veronesi, Fondazione Telethon ecc.).

Posso fare un'erogazione liberale anche all'Associazione calcistica del quartiere, perché sono convinto che svolga un ruolo importante per i nostri figli, tenendoli lontani dai pericoli della strada e insegnando loro i valori dello sport (lealtà, coraggio, tenacia, rispetto delle regole), valori che potranno sperabilmente diventare un punto di riferimento nel corso della vita. In questo modo contribuirò a sostenere l'offerta di questo prezioso servizio nel tempo.

Nel caso della *sponsorizzazione* la speciale sintonia è di diverso tipo: in particolare la sintonia va a focalizzarsi sull'**immagine** dell'evento e sul suo **pubblico di riferimento**. Ovvero, abbiamo una speciale sintonia con uno sponsor quando i *valori* espressi dall'azienda (eccellenza, professionalità, radicamento nel territorio ecc.) o contenuti in un prodotto (innovazione, qualità, tipicità ecc.) sono *coerenti* con quelli della manifestazione proposta e quando *il pubblico* cui ci rivolgiamo *corrisponde* o è molto simile *al target* cui si rivolge l'azienda sponsor (esiste un termine inglese specifico per individuare questo concetto: il *market match*). In questi casi, l'azienda può prendere in considerazione il nostro progetto per comunicare con il suo mercato. Tra il nostro pubblico troverà, infatti, i propri clienti meglio rappresentati che, ad esempio, nel pubblico indifferenziato di un quotidiano. E, aggiungerei, molto più ricettivi, visto che sono coinvolti emotivamente in una manifestazione di loro gradimento in un momento del loro tempo libero (cosa che spesso non succede quando sfogli le pagine di un giornale).

SEGRETO n. 2: alla base di un'erogazione liberale o di una sponsorizzazione vi è una speciale sintonia tra le due parti. Sintonia di obiettivi nel caso dell'erogazione liberale, sintonia d'immagine e di mercato nel caso della sponsorizzazione.

Come rendere appetibili le sponsorizzazioni grazie al fisco

Erogazioni liberali e sponsorizzazioni sono quindi due assunti ben diversi. Questa distinzione si traduce in un trattamento fiscale radicalmente differente nei due casi. Iniziamo dalle erogazioni liberali.

Trattamento tributario delle erogazioni liberali

Innanzitutto occorre dire che la materia è in costante evoluzione e che quindi va continuamente seguita e aggiornata. Pressoché ogni anno la normativa è, infatti, oggetto di adeguamento. L'art. 38 della Legge Finanziaria del 2001 (21 novembre 2000, n. 342) parla espressamente di *"erogazioni liberali per progetti culturali"*.

Innanzitutto individua i soggetti e le categorie di possibili beneficiari di contributi in denaro, "per lo svolgimento dei propri compiti istituzionali e per la realizzazione di programmi culturali nei settori dei beni culturali e dello spettacolo". L'art. 38 (lettera c-nonies) della Finanziaria del 2001 consente la *totale deducibilità* dai *redditi d'impresa* di erogazioni liberali a favore:

- dello Stato;
- delle Regioni;
- degli Enti locali territoriali;
- di ONLUS di diritto ed ONLUS parziali (art. 10, c. 1 e c. 8 e 9, D.Lgs. n. 460/97);
- di Associazioni di promozione sociale iscritte nel registro nazionale (previsto dall'art. 7, c. 1 e 2, L. n. 383/2000), anche per sezioni territoriali;
- di Fondazioni e Associazioni *legalmente riconosciute* (ossia quelle inserite dal Prefetto della provincia di riferimento, dopo accurata valutazione, nel registro delle persone giuridiche).

C'è tuttavia un tetto massimo di deducibilità, anzi, come vedremo, vi sono due differenti opzioni tra cui scegliere.

Iniziamo dalla più recente. Con l'art. 14 del Decreto Legge n.

35/2005 (conv. Legge n. 80/2005) sono state introdotte nuove disposizioni concernenti la deducibilità delle erogazioni liberali: la norma fissa il *limite nel 10% del reddito complessivo* del soggetto erogatore e comunque *un tetto massimo di 70.000,00 euro* (ai fini IRPEF, persone fisiche, o IRES, società; le erogazioni restano indeducibili ai fini IRAP).

Da notare il gravoso requisito per rendere possibile l'esercizio della nuova (e più generosa) deduzione da parte del soggetto erogatore: il soggetto beneficiario deve tenere scritture contabili sistematiche, analitiche, curate e complete al pari della cosiddetta contabilità ordinaria, escludendo quindi la contabilità semplificata spesso adottata nel mondo non profit. Attenzione: nonostante gli obblighi contabili citati gravino sul *soggetto beneficiario* dell'erogazione liberale, il loro mancato rispetto si ripercuote sulla deduzione esercitata dal *soggetto erogatore*, che viene disconosciuta, con l'aggravio di pesanti sanzioni e interessi.

La nuova disposizione non abolisce le norme precedentemente in vigore, l'opzione 2 di cui parlavo, che quindi tuttora regolano, in parallelo, la deduzione dal reddito d'impresa delle erogazioni liberali: si può dedurre nel limite del 2% del reddito dichiarato e comunque con tetto massimo di 2.065,83 euro (quindi su un reddito dichiarato di 103.291,50 euro). Questa opzione *non prevede* come quella appena illustrata *il vincolo della contabilità ordinaria per il beneficiario.* Ovviamente il soggetto erogatore non potrà cumulare le due disposizioni, ma dovrà scegliere la normativa che riterrà per lui più conveniente applicare.

SEGRETO n. 3: le erogazioni liberali sono incentivate dalla possibilità di dedurle dal reddito. La normativa prevede due opzioni parallele e alternative, con aliquote e limiti massimi diversificati; occorre scegliere quale applicare.

Trattamento tributario delle sponsorizzazioni

Il trattamento tributario delle spese di sponsorizzazione è stato per lungo tempo soggetto a un dubbio amletico: devono essere ricomprese tra le *spese di pubblicità e propaganda* oppure tra quelle di *rappresentanza*? La differenza *ai fini impositivi* è sostanziale.

Infatti, le spese di pubblicità e propaganda sono deducibili nell'esercizio in cui sono state sostenute o, a scelta del contribuente, in quote costanti nell'esercizio stesso e nei quattro successivi.

Le spese di rappresentanza sono invece ammesse in deduzione nella misura di un terzo del loro ammontare e sono deducibili per quote costanti nell'esercizio in cui sono state sostenute e nei quattro successivi (Testo Unico imposte dei Redditi, D.P.R. 22 dicembre 1986 n. 917).

Consolidate interpretazioni giurisprudenziali e ministeriali hanno tuttavia riconosciuto nel tempo la natura *pubblicitaria* delle sponsorizzazioni, con gli evidenti risvolti positivi in materia di deducibilità delle spese.

In particolare, la Ris. Min. n. 9/204 del 17.06.1992 ribadisce che *"le spese di sponsorizzazione, assimilabili a quelle di pubblicità, sono connesse ad un contratto la cui caratterizzazione è normalmente basata su un rapporto sinallagmatico* (cioè basato sul vantaggio reciproco, *ndr*) *tra lo sponsor e il soggetto sponsorizzato* (*o sponsee*)".

Secondo la medesima risoluzione, "*di norma con tale contratto il soggetto sponsor si impegna ad una prestazione in denaro o in natura nei confronti del soggetto sponsorizzato che, di contro, si impegna a pubblicizzare e/o a propagandare il prodotto, il marchio, il servizio, o, comunque, l'attività produttiva dello sponsor*".

Risultato: le spese di sponsorizzazione, così assimilate a quelle di pubblicità e propaganda, sono pienamente deducibili dal reddito d'impresa. Questo significa che, deducendo completamente il costo, si risparmieranno imposte pari all'aliquota IRES e all'IRAP in vigore (oggi pari rispettivamente al 27,5 e al 3,9%, per un totale di 31,4%). In altre parole, se la sponsorizzazione è 100, in realtà il costo netto è 68,6.

SEGRETO n. 4: i costi relativi alle sponsorizzazioni sono assimilati a quelli pubblicitari e pertanto sono interamente deducibili dal reddito d'impresa.

RIEPILOGO DEL CAPITOLO 1:

- SEGRETO n. 1: la differenza tra *sponsorizzazione* ed *erogazione liberale* sta nel fatto che nella prima chi riceve il danaro si obbliga a delle specifiche controprestazioni, mentre nella seconda non esiste alcuna contropartita.
- SEGRETO n. 2: alla base di un'erogazione liberale o di una sponsorizzazione vi è una speciale sintonia tra le due parti. Sintonia di obiettivi nel caso dell'erogazione liberale, sintonia d'immagine e di mercato nel caso della sponsorizzazione.
- SEGRETO n. 3: le erogazioni liberali sono incentivate dalla possibilità di dedurle dal reddito. La normativa prevede due opzioni parallele e alternative, con aliquote e limiti massimi diversificati; occorre scegliere quale applicare.
- SEGRETO n. 4: i costi relativi alle sponsorizzazioni sono assimilati a quelli pubblicitari e pertanto sono interamente deducibili dal reddito d'impresa.

CAPITOLO 2:
Perché un'azienda dovrebbe sponsorizzarti?

Come rendere strategica la relazione impresa-evento

Perché un'impresa dovrebbe investire in un evento? Può un evento diventare una risorsa strategica per l'impresa?

Per spiegare il rapporto *impresa-evento* dobbiamo cercare di addentrarci nei meccanismi di funzionamento delle aziende. A questo scopo, ricorriamo a un noto modello di gestione strategica delle imprese proposto da Richard Normann, uno dei grandi maestri del management.

Normann lo applicò dapprima al settore della produzione di beni di consumo con il nome di "Business Idea" (1975) e successivamente lo ampliò per adattarlo alla gestione delle aziende operanti nel mondo dei servizi, chiamandolo "Magic Formula" (Normann R., *Service Management. Strategy and Leadership in Service Business.* New York: John Wiley & Sons, trad. it. *La gestione strategica dei servizi*. Milano: Etas Libri, 1985). Secondo la *Business Idea* un'impresa ha successo quando *prodotto, mercato* e *struttura* sono tra loro *coerenti*. Si tratta delle componenti fondamentali di una formula imprenditoriale, che deve coniugare in modo congruente ciò che s'intende offrire (il sistema di prodotto), a chi si vuole offrirlo (il mercato prescelto) e come si farà per offrirlo (la struttura aziendale). La coerenza tra questi elementi è dunque l'aspetto qualificante nella strategia di un'impresa di successo.

Nella *Magic Formula* – ormai utilizzata anche per i beni, che offrono sempre una componente di servizio – la parola chiave è ancora e sempre la *coerenza* tra gli elementi dell'impresa: prodotto/servizio – mercato – struttura; quest'ultima viene però ora coniugata in tre componenti che tengono conto anche del carattere immateriale dei servizi: sistema di erogazione – immagine – cultura aziendale.

Il processo di gestione dei servizi, secondo Normann, si compone dunque dei seguenti elementi:

- il sistema di prodotto/servizio;

- il cliente;
- il sistema di erogazione;
- l'immagine aziendale;
- la cultura aziendale, il vero *fulcro* dell'intero processo.

Gli elementi che compongono la "Magic Formula" (R. Normann, op. cit.)

Vediamo di passare brevemente in rassegna ciascuno di questi elementi perché un intervento di sponsorizzazione (e quindi il rapporto impresa-evento) avrà ricadute su tutti questi aspetti. Vediamo come.

Capire la relazione tra sponsorizzazione e “Magic Formula”

Il sistema di prodotto/servizio

Del prodotto/servizio offerto occorre comprendere in profondità il *cuore,* il nucleo centrale, ossia ciò che costituisce il motivo principale per cui il cliente si rivolge all'azienda per soddisfare i suoi bisogni. Attorno al cuore, esistono a mo' di petali i *servizi periferici*. Il servizio periferico è un servizio accessorio, complementare.

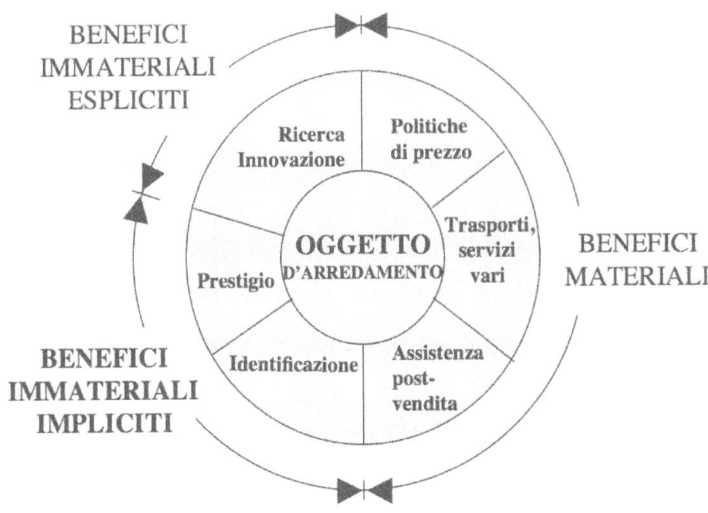

Il sistema di prodotto-servizio secondo Normann, op. cit. (elaborazione Cailotto).

Servizio di base e servizi periferici compongono il “sistema dell'offerta di servizi", la cui appetibilità sul mercato dipende dai benefici proposti, benefici che possono essere di tre diverse tipologie: il *beneficio materiale*, il *beneficio immateriale esplicito* e il *beneficio immateriale implicito.*

Prendiamo l'esempio dell'acquisto di un oggetto d'arredamento. Il *beneficio materiale* consiste nell'oggetto in sé, più una serie di servizi accessori: la consulenza di un architetto d'interni in negozio prima della vendita, le proposte di trasporto e montaggio del mobile, l'assistenza post-vendita; anche le politiche di prezzo, inclusi sconti, vendite promozionali e saldi, sono percepite come benefici materiali.

Veniamo ai *benefici immateriali.* Per spiegare la differenza tra beneficio immateriale *esplicito* e *implicito* ti racconto una storiella. La pubblicità di una scuola di lingue mostrava due genitori un po' tristi perché pensavano al figlio all'estero a studiare l'inglese. Lo immaginavano mentre studiava nel college (il *cuore* del pacchetto) e si rincuoravano nel vederlo destreggiarsi con la lingua (beneficio immateriale esplicito). Poi il campo dell'immagine s'ingrandiva e si vedevano i due genitori in una spiaggia tropicale mentre sorseggiavano un drink con ombrellino decorativo (beneficio immateriale implicito: il figlio all'estero significa tempo libero per babbo e mamma), al che il sorriso ricompariva nel loro volto, di fronte a un brindisi fatto di complicità. Efficace, vero?

Il *beneficio immateriale esplicito* può basarsi, nell'esempio iniziale, sul fatto che l'oggetto d'arredo è stato progettato da importanti designer ed è frutto di ricerca e innovazione sui materiali, cose queste che devono essere ampiamente valorizzate nella pubblicità in modo diretto.

Il *beneficio immateriale implicito* può essere costituito dal prestigio che può offrire il fatto di avere nella propria casa un oggetto così pregiato; questo prestigio può dare al possessore una particolare immagine e la possibilità di identificarsi con una selettiva cerchia di persone amanti di quel genere di prodotti o di quello stile di vita. Occorre saper cogliere questi benefici impliciti e gestirli tra le righe nella comunicazione.

SEGRETO n. 5: associare l'azienda a eventi di prestigio

incrementa il valore del prodotto e amplifica in particolare i benefici immateriali promessi: il prestigio dell'evento rappresenterà simbolicamente il prestigio del marchio promosso e dello stile di vita cui esso fa riferimento.

Il cliente / il mercato

Un'azienda deve saper scegliere con grande coerenza il proprio pubblico di riferimento, ossia quello i cui bisogni il proprio prodotto/servizio saprà soddisfare nel modo migliore. Sulla possibilità di segmentare e selezionare attentamente il proprio pubblico, ossia il pubblico le cui esigenze un'organizzazione è in grado di soddisfare con particolare efficacia, abbiamo parlato a lungo nel corso Organizzare Eventi.

Quello che qui vorrei sottolineare, è la necessità di *capire* se il pubblico dell'azienda cui chiedi la sponsorizzazione è simile o addirittura uguale al pubblico del tuo evento. Se il target ha il medesimo profilo e se i valori comunicati dal tuo evento (proseguendo l'esempio di prima, il carattere innovativo, oppure il prestigio e l'identificazione con un particolare stile di vita) sono gli stessi dell'azienda, si potranno allora comunicare efficacemente (agli occhi dello sponsor) quei benefici immateriali, espliciti e impliciti, che differenziano sul mercato il prodotto/servizio sponsorizzato. Il processo di identificazione con un particolare mondo/ambiente di riferimento, di cui ti ho parlato nel paragrafo precedente, può essere particolarmente sottolineato da una sponsorizzazione *ad hoc*, come vedremo più avanti.

SEGRETO n. 6: se il cliente dell'azienda ha un profilo simile a quello del tuo pubblico, l'evento può costituire un valido strumento di comunicazione tra l'azienda e il suo mercato.

Il sistema di erogazione

Passiamo ora a esaminare il primo degli elementi costitutivi della struttura aziendale. *Il sistema di erogazione* è un insieme di diversi elementi:

1. natura e qualità del personale;
2. impianti, attrezzature, supporti fisici utilizzati.

Per quanto riguarda il *personale,* vorrei fare una considerazione particolare su quello preposto all'accoglienza. Il suo ruolo è fondamentale se si pensa che spesso è responsabile del primo contatto che il pubblico ha con l'organizzazione e quindi concorre fortemente a formarne la prima impressione. Elementi intangibili di grande importanza di cui deve essere dotato: empatia, affidabilità, capacità di risposta. Per questo il personale di contatto necessita di una formazione particolare, formazione che costituisce un investimento fondamentale per assicurare uno sviluppo dell'organizzazione.

I supporti fisici utilizzati sono gli strumenti necessari al servizio (magazzino, esposizione, negozi, brochure illustrative), ma anche l'ambiente, ossia il contesto fisico in cui si effettua l'erogazione. L'*ambiente* svolge un ruolo essenziale per la qualità e la professionalità del servizio offerto e dell'impressione che questo avrà sul fruitore.

Non sempre nelle sponsorizzazioni si coinvolge il sistema di erogazione di un'azienda, anzi spesso questo è l'unico degli elementi costitutivi dell'impresa che non viene coinvolto direttamente, dal momento che quasi sempre l'evento si svolge altrove: in questo caso, svolgono un ruolo importante le brochure di presentazione aziendale messe a disposizione del pubblico, che possono surrogare la presentazione delle strutture.

Talvolta però sono proprio le strutture aziendali al centro dell'evento: questo è il caso di eventi ospitati, ad esempio, in cantine vinicole o in sedi aziendali particolarmente prestigiose (come un palazzo storico). In questi casi, personale e struttura aziendale vengono messi addirittura in primo piano nel processo comunicazionale della sponsorizzazione, e ricevono una valorizzazione diretta e immediata.

SEGRETO n. 7: se l'evento si svolge presso la sede aziendale, la sponsorizzazione metterà in particolare rilievo le strutture e il personale, offrendo grande visibilità alla qualità di queste risorse interne.

L'immagine aziendale

L'immagine è un modello di rappresentazione mentale della realtà di un prodotto o servizio che si forma nella percezione del pubblico. Questo modello elaborato dal cliente può corrispondere alla realtà o rappresentarla in modo assolutamente impreciso: *in ogni caso* è sempre degno di grande attenzione, perché guida il comportamento d'acquisto. Influenzare il modello d'immagine che il consumatore si è formato di un determinato prodotto, servizio o azienda è quindi un'azione di management di grande efficacia.

In particolare, quello che si deve studiare con attenzione è la percezione di *valore* attribuita al prodotto/servizio da parte del cliente. Occorre, infatti, prestare attenzione all'apprezzamento suscitato per il prodotto/servizio e investire sulla comunicazione della qualità e dell'immagine della proposta. Sono, questi, elementi fondamentali per il successo di qualsiasi organizzazione, che deve riuscire a crearsi un'immagine in grado di rendere uniche le proprie proposte, cui il potenziale cliente attribuisca un valore eccezionalmente elevato.

Infine, sempre connessa con l'immagine, è la curiosità per un potenziale cliente di conoscere di quale *club* entrerà a far parte; fondamentale a questo riguardo è la gestione della comunicazione di quei benefici immateriali impliciti (status, identificazione con uno specifico ambiente ecc.) di cui prima si è parlato. La natura degli altri spettatori influirà tanto sull'immagine esterna del potenziale frequentatore, quanto sull'immagine che egli ha di se stesso.

SEGRETO n. 8: associare l'azienda a eventi di alto profilo, coerenti con le politiche e i valori aziendali, influisce positivamente sull'immagine dell'impresa e su una sua notorietà basata su precise associazioni mentali che rimangono nel ricordo del pubblico di riferimento.

Un esempio: il *Premio Strega* è un premio letterario che dal 1947 collega il piacere della lettura – e l'eccellenza di alcuni dei più importanti romanzi degli ultimi decenni – all'omonimo liquore, che ha avuto, in cambio, una notevole popolarità e un'immagine qualificata.

La cultura aziendale

È, secondo Normann, l'aspetto centrale. La *Magic Formula* trova il suo fulcro nella 'cultura' aziendale, che lega gli altri elementi in una formula vincente. La cultura aziendale è un insieme di *valori*, credenze, idee dominanti e norme proprie di un'organizzazione, fondamentali per il funzionamento organico della stessa.

Secondo Normann la cultura delle imprese di servizi di successo presenta i seguenti aspetti: un impegno prioritario nei confronti della qualità e dell'eccellenza, l'orientamento al cliente e l'investimento nelle persone.

Capire che i valori fanno la differenza

In ultima analisi, perché un evento può essere una risorsa strategica per un'azienda? Le ragioni stanno da una parte nei valori rappresentati dall'evento e dall'altra nelle motivazioni d'acquisto dei consumatori. I valori rappresentano un fattore che determina fortemente il nuovo vantaggio competitivo di prodotti e servizi.

È finita per gran parte dell'Occidente l'età della sopravvivenza, durante la quale le risorse erano quasi tutte assorbite dalla necessità di soddisfare i bisogni primari. Ora, ai beni di consumo viene richiesto di dotarsi di un valore aggiunto di carattere immateriale, simbolico, capace di catturare le preferenze dei consumatori, le cui scelte sono mosse per lo più dal desiderio di costruirsi un'identità sociale gradita a se stessi e agli altri.

Basta osservare le campagne pubblicitarie in circolazione: quante sono quelle che informano sulle caratteristiche intrinseche dei prodotti e quante quelle che, invece, fanno appello all'emotività del consumatore? Si compra un'auto, un orologio, un oggetto d'arredamento o addirittura un elettrodomestico anche per il genere di personalità individuale o sociale che s'intende trasmettere.

I valori possono quindi fare la differenza. Possono aiutare a dotare un oggetto di quei benefici immateriali e di quella personalità che lo differenziano, lo rendono unico in un mercato sempre più competitivo e globale.

SEGRETO n. 9: associare l'azienda a eventi capaci di comunicare valori coerenti con quelli aziendali evidenzia e amplifica gli orientamenti valoriali dell'impresa e la sua stessa identità.

Come la sponsorizzazione può influire sui risultati d'impresa

L'intervento nel campo degli eventi può dunque incidere considerevolmente sul posizionamento strategico di un'azienda.

Ma quali conseguenze hanno avuto gli investimenti fatti da aziende in sponsorizzazioni di eventi? «Attraverso l'attività nel campo degli eventi culturali, Teseco ha assunto una sua identità peculiare rispetto alle altre realtà che operano nello stesso settore». Questo dichiarava Gualtiero Masini, Presidente del Gruppo Teseco, vincitore del *Premio Guggenheim "Impresa e Cultura"* 2000, durante la cerimonia di consegna del riconoscimento.

Il Gruppo Teseco di Pisa offre servizi di ingegneria ambientale, tecnologia d'avanguardia e consulenza altamente specializzata al fine di trovare la soluzione ad ogni problematica di salvaguardia ed emergenza ambientale, connessa in particolare con lo smaltimento di rifiuti speciali. C'è qualcosa di più lontano dagli eventi culturali?

Eppure l'investimento fatto in cultura ha permesso "di coniugare risultati aziendali a ritorni in chiave di valorizzazione del territorio e crescita sociale", come recita la motivazione del premio. Tutto questo ha influenzato positivamente l'identità stessa del gruppo sul mercato internazionale.

Teseco *"ha scelto di essere al fianco delle comunità in cui opera"*, una scelta strategica, volta a consolidare le relazioni tra azienda e territorio. Una scelta che desidera fare della qualità ambientale qualità della vita a tutto tondo, offrendo supporto per la crescita della comunità.

Tra le iniziative vi è la costituzione della *Fondazione Teseco per l'Arte*. La cultura contemporanea è campo di attenzione prioritario della Fondazione. Nata nel 1998 per approfondire il tema Teseco dello sviluppo sostenibile e responsabile, la Fondazione allarga i confini dall'ambiente alla dimensione sociale e culturale, promuovendo la sperimentazione d'avanguardia e la ricerca. La collezione d'arte contemporanea, installata negli uffici, il Laboratorio per l'Arte contemporanea, posto all'interno dello stabilimento, la progettazione di manifestazioni culturali rappresentano gli aspetti più significativi delle iniziative della Fondazione.

Molto importante per gli aspetti educativi è anche l'attività di formazione teatrale rivolta ai giovanissimi. Grazie alla collaborazione tra la Fondazione Teseco per l'Arte e l'associazione Habanera è attivo, nei locali aziendali, un laboratorio teatrale che ha accolto negli ultimi due anni centinaia di bambini delle scuole materne ed elementari pisane.

I benefici di una sponsorizzazione in un'ottica di marketing

Vediamo ora dunque in dettaglio i vantaggi concreti. Non vi è solo un generico ritorno d'immagine, perché legare la propria azienda a un evento aperto alla collettività significa proporsi con un'identità che differenzia l'impresa dalla concorrenza. Le ragioni, come abbiamo visto parlando dei valori, stanno nelle motivazioni d'acquisto dei consumatori.

Ma non solo, altri specifici benefici sono:

- la **qualificazione delle relazioni** con i diversi pubblici di riferimento e con gli interlocutori privilegiati (dai clienti, acquisiti o potenziali, ai media, dai partner ai fornitori, dalle risorse umane alle istituzioni e autorità locali). L'attenzione particolare, data per esempio a determinate fasce di clientela attraverso il coinvolgimento diretto in eventi speciali a loro dedicati, può dare riscontri molto positivi da parte dei clienti coinvolti;

- un **forte posizionamento del marchio,** che acquista così un profilo del tutto peculiare;
- **l'individuazione di nuovi segmenti di mercato**. Gli orizzonti si ampliano se si abbandona la logica del puro profitto e si allarga lo sguardo a una visione d'insieme. La comunicazione di valori permette l'aggregazione di platee più estese e coinvolte.

I ritorni dell'investimento in cultura

Entrando ancor più nello specifico, ecco un elenco di ritorni precisi dall'investimento in sponsorizzazione di eventi culturali, che possiamo raggruppare in due ambiti distinti: la legittimazione sociale, un beneficio immateriale, e i risultati di mercato, al contrario, un ritorno concreto e misurabile (da notare che sto citando una fonte che proviene dal mondo imprenditoriale, e per questo ancor più credibile: *Impresa Cultura*, Periodico Bimestrale di Confindustria, luglio 2001, pag. 25).

Legittimazione sociale

- Reputazione d'azienda e di marca;
- Immagine istituzionale;

- Posizionamento aziendale e di marca;
- Qualificazione delle relazioni aziendali;
- Accesso a forme privilegiate di investimento e di finanziamento.

Risultati di mercato

- Crescita del giro d'affari;
- *Brand awareness* (conoscenza del marchio);
- Attenzione e fedeltà alla marca;
- Disponibilità a pagare un prezzo maggiore.

In una ricerca della Regione Lombardia svolta nei confronti di numerose aziende per conoscere il fenomeno (Osservatorio culturale, *La sponsorizzazione culturale in Lombardia*, Ricerca a cura di Artlab - Fitzcarraldo, Quaderno n. 12, Milano, 1994) vengono messi in luce gli obiettivi delle sponsorizzazioni, riconducibili in particolare al miglioramento della percezione d'immagine dell'azienda. La valutazione sull'utilità della sponsorizzazione per questo scopo è quasi unanime.

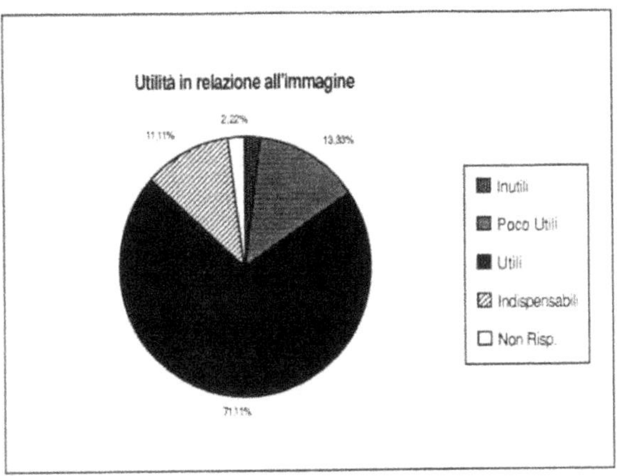

SEGRETO n. 10: sono molteplici i benefici per le aziende che investono in sponsorizzazione di eventi, di carattere immateriale (brand awareness, legittimazione sociale), ma anche materiale (giro d'affari, fedeltà alla marca).

In sintesi, abbiamo visto gli elementi costitutivi dell'impresa (la "Magic Formula") e come la sponsorizzazione possa influire positivamente su ognuno di essi. Abbiamo visto il punto di vista imprenditoriale sui benefici derivanti dall'utilizzo di questo strumento di comunicazione. Hai ancora dubbi sulle motivazioni da dare alla tua controparte in azienda per convincerla a investire sul tuo evento?

RIEPILOGO DEL CAPITOLO 2:

- SEGRETO n. 5: associare l'azienda a eventi di prestigio incrementa il valore del prodotto e amplifica in particolare i benefici immateriali promessi: il prestigio dell'evento rappresenterà simbolicamente il prestigio del marchio promosso e dello stile di vita a cui esso fa riferimento.
- SEGRETO n. 6: se il cliente dell'azienda ha un profilo simile a quello del tuo pubblico, l'evento può costituire un valido strumento di comunicazione tra l'azienda e il suo mercato.
- SEGRETO n. 7: se l'evento si svolge presso la sede aziendale, la sponsorizzazione metterà in particolare rilievo le strutture e il personale, offrendo grande visibilità alla qualità di queste risorse interne.
- SEGRETO n. 8: associare l'azienda a eventi di alto profilo, coerenti con le politiche e i valori aziendali, influisce positivamente sull'immagine dell'impresa e su una sua notorietà basata su precise associazioni mentali che rimangono nel ricordo del pubblico di riferimento.
- SEGRETO n. 9: associare l'azienda a eventi capaci di comunicare valori coerenti con quelli aziendali evidenzia e amplifica gli orientamenti valoriali dell'impresa e la sua stessa

identità.

- SEGRETO n. 10: sono molteplici i benefici per le aziende che investono in sponsorizzazione di eventi, di carattere immateriale (brand awareness, legittimazione sociale), ma anche materiale (giro d'affari, fedeltà alla marca).

CAPITOLO 3:
Come definire le opportunità di sponsorship

Abbiamo visto nel *Capitolo 2* le ragioni che possono motivare un'azienda a investire in un evento. Vediamo ora come procedere operativamente per concretizzare una sponsorizzazione. In questo capitolo analizzeremo tutte le fasi preparatorie alla sponsorizzazione e nel prossimo vedremo come identificare possibili sponsor e le modalità dell'approccio e della negoziazione.

Ecco dunque gli step della fase preliminare:

1. analisi delle caratteristiche valoriali del progetto;
2. analisi delle sue caratteristiche comunicazionali;
3. identificazione del costo di sponsorizzazione;
4. predisposizione della proposta di sponsorizzazione.

Come effettuare l'analisi delle caratteristiche valoriali

Abbiamo visto come i valori comunicati da un prodotto possano fare la differenza nella competizione sul mercato, perché costituiscono quei benefici immateriali espliciti e impliciti che possono motivare l'acquisto da parte del consumatore.

Quali valori sono alla base della tua manifestazione? Come ricorderai se hai letto il corso Organizzare Eventi, ci sono due strumenti ai quali risalire per rispondere a questa domanda: la *vision* e la *mission* della tua organizzazione oppure la *mission* dell'evento, se hai provveduto a crearne una specifica (a volte per la necessità di comunicare con i vari stakeholders di un progetto è molto utile farlo). Sono questi strumenti che possono inizialmente dire alle imprese se c'è sintonia con i valori che loro stesse hanno definito nelle rispettive *vision* e *mission* aziendali. Il *mission statement*, in particolare, definisce con precisione la filosofia che muove la tua organizzazione e può dare un'idea precisa dei valori che costituiscono gli orientamenti strategici che vuoi perseguire. Ecco alcuni esempi dei valori che potrebbero informare il tuo progetto.

Innovazione nella Tradizione

Molte aziende si presentano come organizzazioni con radici ben piantate nella tradizione, ma con lo sguardo rivolto al futuro. L'innovazione è una chiave importante per competere sul mercato, sia attraverso nuovi prodotti sia mediante il ripensamento in chiave innovativa di prodotti esistenti, per incidere sul prolungamento del loro ciclo di vita.

Come potrebbe un evento costituire una metafora di questo concetto? Ti faccio subito un esempio concreto. Nel 2009 all'Opernhaus di Zurigo è stata rappresentata una versione del "Barbiere di Siviglia" del tutto speciale, per la regia di Cesare Lievi e l'avveniristica scenografia del famoso architetto Mario Botta. Botta ha creato uno spazio scenico innovativo, imperniato su quattro figure romboidali semoventi, ricche di effetti sorprendenti (vedi: *Il Barbiere di Siviglia*, Opernhaus Zürich 2009). È un esempio molto rappresentativo dell'interpretazione innovativa di una grande opera del passato, un'operazione che può accendere l'interesse di un pubblico alla ricerca di stimoli nella novità e nel progresso.

Qualità e Professionalità

Valori come quelli della qualità e della professionalità sono importanti per essere competitivi sul mercato e per rassicurare il consumatore che ciò che viene proposto ha un importante e garantito spessore qualitativo.

Gli eventi che promuovono storie di successo sono imperniati su questi valori. Un esempio concreto è fornito dagli ormai numerosi progetti di creazione di musei aziendali, con tutte le correlate manifestazioni, in cui si promuove la storica evoluzione di un progetto aziendale di successo, per il quale la qualità e la professionalità hanno sempre un ruolo preminente. Anche le fiere hanno sempre esposizioni di tipo culturale, in cui si espongono prototipi o manufatti artistici che sottolineano gli aspetti di ricerca sulla qualità e sulla professionalità dei progettisti.

Qualità e professionalità possono essere sicuramente protagonisti in un festival o nella stagione dei concerti di professionisti noti, che trasferiscono questi grandi valori anche agli sponsor delle manifestazioni.

Leadership Culturale

Gli eventi che promuovono l'eccellenza sono imperniati su questi valori. I premi e i concorsi in genere, siano essi per musicisti o per designer, sono esempi molto pregnanti in merito.

Gli esempi in quest'ambito non mancano. Oltre al già citato Premio Strega in campo letterario, vorrei solo menzionare un concorso musicale, il Concorso internazionale di musica da camera "Salieri-Zinetti" (Un premio all'eccellenza), che promuove attraverso concerti e incisioni discografiche i giovani grandi talenti che si sono aggiudicati i vari premi. Ognuno dei premi è abbinato a un'azienda che associa in questo modo la propria immagine ai valori di eccellenza dei vincitori.

Un altro esempio concreto che mette insieme elementi citati poc'anzi (un Concorso di design e un Museo aziendale) è il progetto *"Il Mobile Significante",* promosso dalla Fondazione di un'azienda produttrice di arredi, la Morelato Srl. Il progetto consiste in un Concorso internazionale sull'arte applicata nel mobile, i cui prototipi vincitori trovano spazio nel Museo creato dall'azienda – il MAAM, Museo delle Arti Applicate nel Mobile – all'interno di una Villa Veneta, Villa Dionisi di Cerea, nel veronese (vedi: Fondazione Aldo Morelato).

Valorizzazione del territorio e del senso di appartenenza

I valori del territorio possono essere strategici per la valorizzazione dell'identità aziendale e dei prodotti. Così la pensa l'Azienda vinicola "Masi Agricola S.p.A.", che per promuovere i valori del territorio ha creato una Fondazione. La finalità della Fondazione Masi è quella di promuovere e valorizzare il territorio, il patrimonio culturale, le grandi capacità dell'ingegno e produttive della "civiltà veneta", riconoscendo gli interpreti di questa civiltà che, nelle differenti discipline, si sono espressi con eccellenza.

Per perseguire questi obiettivi è stato istituito il *Premio Masi per la Civiltà Veneta*, nato negli anni Settanta, che conferisce a veneti eccellenti una botte di Amarone Masi, uno dei prodotti veneti più caratteristici e ricchi di significati.

Oggi nella denominazione *Premio Masi* vengono inclusi anche due riconoscimenti di respiro mondiale, il *Premio Internazionale Masi Civiltà del Vino* e il *Grosso d'Oro Veneziano*, assegnati rispettivamente a personaggi che si sono distinti nel grande mondo della vitivinicoltura e nell'utilizzo della cultura come veicolo di comprensione tra i popoli.

Come hai visto dagli esempi, non a caso riportati, spesso sono le aziende stesse che s'impegnano nella gestione di specifici progetti allo scopo di comunicare i propri valori: è la prova di quanto importante può essere un evento per la strategia competitiva di un'impresa.

SEGRETO n. 11: approfondisci l'analisi valoriale del tuo evento per definire quali imprese possono associare i propri valori e la propria cultura aziendale ai valori espressi dal tuo progetto.

Come definire la nostra offerta

Analisi delle caratteristiche comunicazionali del progetto

Ogni evento ha un obiettivo di comunicazione ben preciso. Qual è il nostro target? Chi vogliamo interessare, coinvolgere?

Su questo dobbiamo avere le idee molto chiare. In particolare a queste domande deve essere in grado di rispondere chiaramente il nostro marketing plan, dal momento che l'identificazione del nostro pubblico di riferimento è una scelta strategica cui correlare tutte le scelte successive. Se non è la prima edizione del tuo evento, uno studio sul pubblico svolto sull'*audience* della scorsa edizione ti darà tutte le risposte che cerchi. In ogni caso devi essere in grado di descrivere con chiarezza *chi* intendi coinvolgere con la tua manifestazione. Non solo, dovrai anche indicare *come*. Per raggiungere il tuo target dovrai, infatti, realizzare del materiale promozionale: che tipo di supporti comunicazionali userai? Quanti? E come verranno distribuiti?

Facciamo un esempio. Quello che segue potrebbe essere il piano di comunicazione di un festival, ossia il mix di strumenti che permettono di relazionarsi con il nostro target e di trasmettere tutte le informazioni nel modo migliore e più completo.

Festival XY: le iniziative di comunicazione

1. **Sito internet, social networks, web marketing:** realizzazione di sito internet dedicato, con tutte le informazioni relative al festival in tre lingue (italiano, tedesco e inglese). Costruzione di pagina Facebook correlata. Email marketing al nostro indirizzario di 3000 nominativi mirati.

2. **Advertising:** acquisto di spazi pubblicitari su portali tematici online (banner); attività promozionale su Facebook e tramite Google (Adwords); advertising su riviste specializzate nazionali e su quotidiani, locali e nazionali.
3. **Manifesto generale:** 3000 copie in tre lingue (italiano, tedesco e inglese). Distribuzione nelle fiere del turismo in collaborazione con le Aziende di Promozione Turistica e affissioni sul territorio (città, province limitrofe). Inserimento nel sito con possibilità di *download* sotto forma di pdf.
4. **Locandine specifiche per singole manifestazioni:** realizzazione in tre lingue (italiano, tedesco e inglese), immagine coordinata, sfondo di colore diverso per differenti cicli di manifestazioni, in totale 4800 copie. Distribuzione sul territorio (città, capoluoghi di provincia limitrofi: negozi, uffici informazioni, agenzie di viaggio, hotels). Inserimento nel sito con possibilità di *download* sotto forma di pdf.
5. **Pieghevole divulgativo:** 100.000 copie in tre lingue (italiano, tedesco e inglese). Distribuzione alle borse del turismo e sul territorio (città, capoluoghi di provincia limitrofi: negozi, uffici informazioni, agenzie di viaggio, hotels); invio dal nostro indirizzario postale a 5000 nominativi mirati.

Inserimento nel sito con possibilità di *download* sotto forma di pdf.

6. **Pubblicazione divulgativa:** 6000 copie di 24 pagine a guida e promozione degli appuntamenti del Festival, in tre lingue (italiano, tedesco e inglese). Distribuzione: stampa e organi di informazione (Direttori, Capi Servizio cultura e spettacolo, critici di quotidiani, periodici, reti radiofoniche e televisive a copertura interprovinciale e regionale, riviste specializzate di musica e turismo a diffusione nazionale in Italia e Germania), hotels, agenzie di viaggio, a coloro che richiederanno informazioni presso IAT e uffici turistici; a chi lo richiede tramite Internet. La pubblicazione sarà inoltre presente alle borse del turismo.
7. **Pubblicazione-guida generale:** realizzazione di una pubblicazione generale in tre lingue, che qualifichi e valorizzi l'immagine del festival e che sia una guida con opportune note esplicative alle manifestazioni in programma. 4000 copie di 120 pagine; distribuzione al pubblico partecipante, a mailing list selezionata; stampa, mailing list di autorità e personalità del mondo politico e culturale. Enti e Istituzioni.
8. **Catalogo delle mostre:** catalogo di 120 pagine per le

esposizioni del Festival, in tre lingue, 3000 copie. Distribuzione al pubblico partecipante con mailing list selezionata; a chi lo richiede tramite Internet, stampa, Enti e Istituzioni.

9. **Biglietti d'invito per manifestazioni specifiche:** due biglietti d'invito per le manifestazioni principali, i vernissages, le serate di gala, 1000 copie ciascuno. Inoltro tramite una mailing list base di autorità, stampa, personalità del mondo dell'arte e della cultura, Enti sostenitori.

Come avrai notato, l'esempio propone una serie di strumenti e attività molto articolata, mirata a un target in gran parte costituito dal turista straniero, e in particolare da quello proveniente dall'area germanica. Per ognuno di questi strumenti e attività devi quantificare i contatti che avrai la possibilità di raggiungere (più avanti ti dirò come fare).

SEGRETO n. 12: dobbiamo definire qualitativamente e quantitativamente il nostro target/obiettivo: è l'elemento di partenza per arrivare a capire quanto può valere il nostro progetto per lo sponsor.

Come arrivare alla definizione del costo di sponsorizzazione

Gli eventi costituiscono un mezzo di comunicazione che raggiunge un certo pubblico (l'abbiamo appena visto: quale pubblico? Quanto pubblico?): usufruire di questo mezzo ha un costo che va quantificato. Non solo perché la definizione del costo ti dà un'idea del suo valore, ma anche perché ti permette di confrontare questo valore con altri strumenti di comunicazione che possono essere concorrenziali con il tuo.

In particolare ci sono tre parametri di valore da quantificare:

- **il valore del contatto diretto:** è il valore della comunicazione con il *pubblico diretto*, ossia partecipante fisicamente all'evento; si tratta di un target molto mirato, specifico, che viene influenzato dal coinvolgimento emozionale all'evento, grazie al quale si può arrivare a una migliore qualificazione della relazione tra azienda e cliente;
- **il valore dell'associazione d'immagine:** l'associazione dell'azienda con i valori dell'evento, coerenti con quelli dello sponsor, è un elemento cardine della sponsorizzazione perché permette di comunicare quei valori che possono incidere sui benefici immateriali da spendere nella competizione sul

mercato; questa associazione viene trasmessa attraverso i media e le attività di comunicazione al *pubblico indiretto,* (quello dell'area di riferimento che non partecipa, ma potrebbe partecipare a un'edizione successiva), e al *pubblico potenziale* (persone interessate, in target, ma che non hanno la possibilità di partecipare perché lontane dall'area coinvolta; ciò nonostante, sono esposte alla comunicazione dell'evento). Questi pubblici sono entrambi d'interesse per lo sponsor, perché in ogni caso ricevono gli stimoli comunicati dalla manifestazione e sono quindi influenzati nella percezione di valore della proposta e di quanto a essa correlato (inclusi gli sponsor);

- **il valore di mercato:** è opportuno effettuare una comparazione *(benchmarking)* della nostra proposta di sponsorizzazione con il costo di iniziative analoghe (sponsorizzazioni concorrenti e/o strumenti di comunicazione che possono dare risultati similari); senza questo benchmarking potremmo rischiare di proporre costi di sponsorizzazione ingiustificati che non avrebbero nessuna possibilità di essere presi in considerazione.

SEGRETO n. 13: per quantificare il costo della sponsorizzazione devi considerare il valore del contatto con il pubblico diretto, il valore dell'associazione di immagine comunicata al pubblico indiretto e a quello potenziale, infine devi comparare il costo così definito con i valori di mercato.

C'è infine un parametro di valore non quantificabile, e tuttavia da considerare caso per caso, che deriva da una serie di elementi legati a situazioni particolari quali, ad esempio, una speciale attitudine personale del decisore (es. il Direttore Generale dell'azienda particolarmente appassionato al tal genere musicale), oppure particolari necessità di relazioni pubbliche dell'azienda, considerando ad esempio, che l'evento permette all'impresa di entrare in contatto con soggetti cui l'impresa può essere interessata (il sindaco, l'amministrazione pubblica, altri sponsor con cui attivare relazioni o business); o, ancora, la previsione di eventi per celebrare scadenze di vita aziendale (il 30° anniversario della fondazione). Sono tutte cose che incrementano l'interesse per la proposta di sponsorizzazione e la possibilità di un'accettazione, che dovrai far emergere durante la negoziazione.

Ma analizziamo nel dettaglio i parametri quantificabili che ci permetteranno di arrivare a monetizzare il valore della sponsorizzazione, iniziando da quello che spesso costituisce il valore principale, ossia il valore dell'associazione d'immagine.

Come definire il valore dell'associazione d'immagine

Abbiamo detto che l'evento è uno strumento di comunicazione che raggiunge un certo pubblico; il messaggio è costituito dall'associazione dell'impresa (o di un suo prodotto) con i significati e i valori comunicati dall'evento. La sponsorizzazione si caratterizza dunque essenzialmente come un'associazione d'immagine. Per questo è indispensabile che vi sia la massima *coerenza* tra i valori dell'azienda e quelli espressi dall'evento e dal cosiddetto *market match.*

Del primo aspetto, fondamentale, abbiamo già parlato a lungo: i valori dell'evento possono essere molto utili ad amplificare l'identità aziendale ed è quindi importante la coerenza tra i valori espressi. Attenzione, coerenza non solo qualitativa, ma anche quantitativa. Anche il peso, il *valore percepito*, dell'evento che offri, deve infatti essere correlato all'azienda cui ti rivolgi: si tratta di promuovere giovani sconosciuti, o tra i protagonisti del progetto hai dei professionisti famosi? È la prima edizione o l'evento ha alle spalle numerose edizioni di successo? Puoi mettere sul piatto una consistente rassegna stampa della scorsa edizione con recensioni su riviste nazionali o hai avuto pochi articoli tra le "brevi"? E così via. A volte è più facile trovare una somma consistente per sponsorizzare il concerto di un grande artista, che mille euro per un giovane sconosciuto, ancorché di talento.

Il *market match* (dall'inglese, corrispondenza di mercato) si ha quando il nostro pubblico di riferimento si sovrappone con il pubblico dell'azienda. Questo dato è molto importante perché modifica il *valore percepito* della proposta, in quanto, in dipendenza dal grado di congruenza tra il pubblico di riferimento dello sponsor e quello dell'evento, alcune aziende troveranno la proposta attraente e altre meno.

SEGRETO n. 14: devi analizzare attentamente i valori e il pubblico di riferimento dei potenziali sponsor. Senza coerenza di valori e market match non si passa oltre la prima

valutazione da parte dell'azienda: sono dei *pre-requisiti.*

Diamo dunque questi aspetti, questi pre-requisiti, per scontati. Nella scelta tra due progetti che hanno passato il primo esame, ciò che fa la differenza è un terzo aspetto: il *livello di visibilità* offerto dai mezzi di comunicazione utilizzati e il relativo costo.

È bene precisare subito che la visibilità offerta dai mezzi di comunicazione può essere gestita in modo differenziato. Una cosa è, infatti, trattare lo sponsor alla pari dell'ente promotore istituzionale, affiancando il logo dello sponsor a quello dell'ente pubblico, offrendo uno spazio redazionale introduttivo, pagine pubblicitarie e così via; altra cosa è invece inserire il logo dell'impresa in mezzo a quelli di una decina di altre aziende: ovviamente l'impatto di visibilità viene fortemente diluito.

Diversi livelli di visibilità

Sappiamo bene, infatti, che non solo è necessario, ma è anche opportuno creare livelli diversificati di visibilità, per offrire alle aziende differenti possibilità di intervento correlate alle rispettive disponibilità di budget. Certamente non è semplice dosare con equilibrio la visibilità, ma è indispensabile farlo. Facciamo subito un esempio.

Poniamo che a supporto di un festival s'intendano offrire le seguenti opzioni d'intervento:

- **Sponsor principale** *(main sponsor)*: è un'azienda che ottiene un vantaggio competitivo facendosi percepire attraverso una visibilità importante quale leader nel panorama economico e imprenditoriale dell'area. Collabora attivamente allo sviluppo progettuale e all'organizzazione del festival attraverso un importante impegno economico e partecipando al team di coordinamento gestionale e comunicazionale. Sostiene integralmente il progetto e la sua filosofia, ottenendone la massima valorizzazione.
- **Sponsor ufficiale**: è un'azienda che attesta la propria posizione di protagonista nella propria categoria di prodotto. Supporta l'intero progetto con competenze specifiche, contributo economico ed eventualmente fornitura di prodotti.
- **Sponsor di singoli eventi**: sono aziende che attestano la propria posizione di protagonista in una categoria di prodotto attraverso il sostegno di una specifica manifestazione o ciclo

tematico di iniziative nell'ambito di un progetto o di un festival (conferenze, piuttosto che concerti o esposizioni ecc.) con competenze specifiche, contributo economico ed eventualmente fornitura di prodotti.

- **Fornitore ufficiale:** supporta l'organizzazione del festival mettendo a disposizione i propri prodotti e servizi.

Quali opportunità di valorizzazione avranno le diverse tipologie d'intervento? Nel progetto di sponsorizzazione dettagliato occorrerà specificare per ogni strumento di comunicazione utilizzato quale visibilità avrà ogni tipologia di sponsor, il tutto con un corretto bilanciamento tra entità di investimento e relativa evidenza.

Prendiamo quindi uno degli strumenti di comunicazione presentati poc'anzi, la *pubblicazione/guida generale* (descritta a pag. 53), e vediamo come può essere presentata la diversa evidenza che avrà su questo strumento ogni differente tipologia di sponsor (main sponsor, sponsor ufficiale, sponsor di singoli eventi e fornitore ufficiale):

- **Sponsor principale:** oltre all'evidenza su prima di copertina e frontespizio di logo/marchio dell'Ente promotore e dello sponsor principale, s'introdurrà una pagina interna a disposizione dell'azienda collocata nella parte iniziale del volume. In apertura è inoltre previsto l'intervento di presentazione del Presidente dell'Ente promotore e dello sponsor principale. Ulteriore strumento di valorizzazione dell'intervento dello sponsor principale sarà la realizzazione di un segnalibro, funzionale alla lettura della pubblicazione, con logo/marchio aziendale.

- **Sponsor ufficiale:** oltre all'evidenza su quarta di copertina e frontespizio (pag. 1) di logo/marchio degli sponsor ufficiali, si introdurrà una pagina interna a disposizione dell'azienda per un intervento redazionale o pubblicitario.
- **Sponsor di singoli eventi:** evidenza sulla pagina della specifica manifestazione di logo/marchio dell'azienda.
- **Fornitore ufficiale:** oltre all'evidenza su frontespizio (pag. 1) e pagina di chiusura di logo/marchio dei fornitori ufficiali, si introdurrà una pagina interna a disposizione dell'azienda.

Come si vede, vi è la possibilità di dosare l'evidenza offerta alla diversa tipologia di sponsor adeguandola all'entità del singolo intervento. Occorre naturalmente avere una visione complessiva dei benefit offerti attraverso i diversi mezzi di comunicazione per bilanciare al meglio le varie opzioni.

Alcuni strumenti possono essere esclusivi per rafforzare ulteriormente la visibilità complessiva proposta. Ad esempio, agli sponsor principali si può offrire come ulteriore benefit uno stendardo o un totem sul luogo di manifestazione; agli sponsor di singole iniziative si può dare la possibilità di rendere disponibile il proprio materiale pubblicitario, o meglio ancora, nel caso di una cantina vinicola, si può proporre di organizzare un *sampling*, ossia di far provare il proprio prodotto.

Infine sarà opportuno inserire nella proposta la clausola dell'*esclusività merceologica* (ossia non si inseriranno sponsor tra loro in concorrenza): questo è spesso indispensabile, essendo la sponsorizzazione uno strumento utilizzato per competere sul mercato. Se la manifestazione promuove aziende concorrenti, cade questo tipo di motivazione.

SEGRETO n. 15: un altro parametro fondamentale per

valutare l'attrattività di una proposta di sponsorizzazione è il livello di visibilità offerto. Puoi dosare questa visibilità e creare pacchetti di benefici di valore e costo differenziato.

Sulla base delle caratteristiche di visibilità *complessiva* offerta alle diverse tipologie di sponsor, si andrà a definire la proposta economica.

La quantificazione del valore dell'associazione d'immagine

Torniamo dunque al metodo di misurazione del valore della visibilità offerta. Per dare un valore a questa visibilità dobbiamo:

- **quantificare il valore di mercato dello strumento utilizzato** e **dei suoi costi di distribuzione** (es.: quanto costa produrre 100.000 copie di un dépliant, e quanto farlo arrivare a contatto con il mio target? Definire cioè anche i costi postali, i costi dei servizi di distribuzione nei luoghi definiti ecc.);
- **definire, per ogni strumento, quanto spazio e quanta visibilità offro all'azienda.** Occorre partire dallo spazio fisico e poi considerare l'evidenza complessiva offerta allo sponsor, nelle sue diverse tipologie.

Ecco un esempio. Un logo che campeggia in bella vista in testa al manifesto generale di un festival, accanto all'ente promotore istituzionale, con evidenza pari a quest'ultimo (grazie a questo accostamento, lo sponsor acquisisce anche i valori istituzionali) si porta a casa buona parte della visibilità e del valore di associazione con l'evento: valutiamo l'evidenza offerta allo **sponsor principale** come il 40% del valore complessivo (che, lo ricordo, abbiamo visto essere quello dello strumento utilizzato e dei costi connessi); un gruppo di tre loghi chiaramente riconoscibili, ma in calce al manifesto, ricevono un ottimo valore di visibilità, ma comunque inferiore: stimiamo il valore di associazione d'immagine offerto agli **sponsor ufficiali** al 15% cadauno; infine, nel calendario delle manifestazioni posto al centro del manifesto, in corrispondenze di singole serate compare il logo degli **sponsor di singoli eventi**: si tratta ovviamente di una visibilità più limitata (che potrà comunque essere maggiormente valorizzata nella locandina della specifica serata e negli altri strumenti di comunicazione a essa dedicati), e per questo valutiamo il valore di associazione d'immagine al 2% cadauno.

Come vedi si tratta di una *stima* del valore e, in quanto, tale soggettiva e negoziabile; ma con un po' di esperienza riuscirai a trovare una logica in grado di convincere i tuoi interlocutori della linearità della tua proposta.

Procediamo dunque alla quantificazione del valore dell'associazione d'immagine proseguendo l'esempio del festival prima citato con i vari strumenti di comunicazione. Come puoi vedere nella tabella che segue, il costo complessivo di questi strumenti può essere coperto dall'intervento di uno sponsor principale (Main Sponsor, euro 41.600), 3 sponsor ufficiali (per un totale di euro 46.800) e 8 sponsor di singoli eventi (per un totale di euro 16.640).

Il valore dell'associazione d'immagine

Festival di musica da camera, 15 gg. con manifestazioni, esposizioni, conferenze.

	PIANO DI COMUNICAZIONE			Main Sponsor		Sponsor Ufficiali		Sponsor singoli eventi	
	mezzo	quantità	costo	spazio dedicato	Valore visibilità	spazio dedicato	Valore visibilità	spazio dedicato	Valore visibilità
1	Sito Web, Banner su portali, Adwords, Facebook		6.000	40%	2.400	15%	900	2%	120
2	Advertising su riviste	3	24.000	40%	9.600	15%	3.600	2%	480
3 4	Manifesti e locandine + affissioni	7.800	16.000	40%	6.400	15%	2.400	2%	320
5	Pieghevole divulgativo + spese postali per 4.000	100.000	23.000	40%	9.200	15%	3.450	2%	460
6	Pubblicazione divulgativa	6.000	4.000	40%	1.600	15%	600	2%	80
7	Pubblicazione generale	4.000	16.000	40%	6.400	15%	2.400	2%	320
8	Catalogo delle mostre	3.000	11.000	40%	4.400	15%	1.650	2%	220
9	Inviti + spese postali	2.000	4.000	40%	1.600	15%	600	2%	80
	Totali		**104.000**		**41.600**		**15.600**		**2.080**
	n. sponsors per tipologia				1		3		8
	Introiti previsti				41.600		46.800		16.640
	Introito totale								**105.040**

SEGRETO n. 16: puoi calcolare il valore dell'associazione d'immagine partendo dal costo degli strumenti di comunicazione e addebitando a ciascuna tipologia di sponsor una parte in relazione alla percentuale di visibilità complessiva ricevuta.

Come definire il valore del contatto diretto

Come dicevamo, è il valore del contatto con gli spettatori dell'evento. Evidentemente questo tipo di contatto ha un valore maggiore rispetto a quello generato dai mezzi di comunicazione: un conto è un'informazione pubblicitaria incrociata in velocità su un cartellone stradale; diversa è invece una comunicazione effettuata in un momento di relax e divertimento del pubblico, mentre ci si sta godendo il tempo libero. I due valori di comunicazione non sono paragonabili.

Come fare allora a quantificare il valore della presenza "dal vivo" del pubblico diretto? Ci chiediamo: quanto pagherebbe lo sponsor se dovesse organizzare direttamente la serata per radunare questi spettatori? L'organizzazione di una serata con le caratteristiche che voi offrite potrebbe costare dai 10 ai 30 euro a persona? Fai una valutazione prudenziale e definisci il costo complessivo: 200 spettatori a 10 euro cadauno fanno 2000 euro.

Se hai uno sponsor unico attribuirai allo stesso l'intero importo. Se invece hai definito una serie diversificata di interventi, suddividerai in percentuale l'ammontare.

Il valore del contatto diretto		
Festival di musica da camera, 15 gg. con manifestazioni, esposizioni, conferenze.		
		Note
N. eventi	30	
Pubblico medio per evento	200	
Totale pubblico presente	**6.000**	spettatori
Costo pro capite (minimo) se lo sponsor organizzasse in proprio	10	Considerare eventualmente i benefit per il pubblico, oltre al biglietto d'ingresso: trasporto, degustazione, servizi vari.
Costo totale se lo sponsor organizzasse in proprio	**60.000**	€
Intervento a carico del Main Sponsor	**24.000**	40%
Intervento a carico dello Sponsor Ufficiale	**9.000**	15%
Intervento a carico dello Sponsor di singoli eventi	**1.200**	2%

SEGRETO n. 17: puoi quantificare il valore del contatto diretto con il pubblico considerando il costo che si dovrebbe sostenere per radunare in un ricevimento il numero delle persone previste per il tuo evento; attribuisci il costo alle

diverse tipologie di sponsor secondo la percentuale di visibilità assegnata.

Il costo finale della sponsorizzazione

Il costo finale per le varie tipologie di sponsor si ottiene dunque sommando il *valore del contatto diretto con quello dell'associazione d'immagine.* In genere va inoltre aggiunto un certo *margine*, per tener conto della riduzione che sarai tenuto a concedere durante la negoziazione (è un classico!) e per corrispondere una remunerazione a eventuali intermediari.

Proseguendo nell'esempio del Festival, ecco dunque il costo delle diverse modalità di sponsorizzazione:

- sponsor principale: 80.000 euro (24.000+41.600+margine);
- sponsor ufficiale: 30.000 euro (9000+15.600+margine);
- sponsor singoli eventi: 4000 euro (1200+2080+ margine).

SEGRETO n. 18: somma il valore del contatto diretto con quello dell'associazione d'immagine e aggiungi un margine di sicurezza per la negoziazione ed eventuali intermediari: otterrai così il costo finale delle proposte di sponsorizzazione.

Come definire il valore di mercato di una sponsorizzazione

A questo punto devi chiederti: è un prezzo adeguato per quello che propongo? Saper rispondere a questa domanda è per te importante perché è la domanda che si farà anche il tuo interlocutore in azienda. Ci sono due modi per dare una risposta.

Il primo è conoscere il prezzo di interventi di sponsorizzazione in manifestazioni concorrenti o simili alla tua. Non è sempre facile venire a conoscenza di queste informazioni. Dovresti poter contare su una "spia" nell'ufficio marketing di un'azienda della tua area.

Il secondo metodo, più oggettivo, fa ricorso a un concetto noto come *costo contatto*. Il costo contatto viene definito come il costo necessario per raggiungere il singolo consumatore con un messaggio pubblicitario diffuso attraverso un dato mezzo di comunicazione.

Costo Del Mezzo : Persone Contattate = Costo Contatto

Per esempio, è il costo di una pagina pubblicitaria di una rivista diviso per il numero di lettori della stessa.

Procediamo allora a definire a quanto ammonta il costo contatto dello sponsor che deciderà di investire sulla nostra manifestazione, che, come abbiamo detto, costituisce nel suo complesso uno strumento di comunicazione. Iniziamo con il sommare tutti i contatti che otterremo dai singoli mezzi di comunicazione e applichiamo poi la formula sopra evidenziata: *costo della sponsorizzazione*: *numero contatti = costo contatto del nostro evento* (poi, per non lavorare con troppe virgole considereremo il *costo per mille contatti*, CPM).

Il valore dell'associazione d'immagine: il costo contatto

Festival di musica da camera, 15 gg. con manifestazioni, esposizioni, conferenze.

PIANO DI COMUNICAZIONE

	mezzo	*quantità*	*contatti*	Note
1	Sito Web, Banner su portali, Adwords, Facebook		30.000	*Calcoliamo 500 contatti al giorno per 60 gg. (durata della campagna su internet)*
2	Advertising su riviste specializzate	3	45.000	*Le 3 riviste hanno una tiratura media di 15.000 copie*
3 4	Manifesti e locandine	7.800	468.000	*Stimiamo che ogni supporto in esposizione per 15 gg. sia letto da 4 persone in target al g. (7800 x 60)*
5	Pieghevole divulgativo	100.000	200.000	*Stimiamo che ogni pieghevole è letto da 2 persone*
6	Pubblicazione divulgativa	6.000	12.000	*Ogni pubblicazione è letta da 2 persone*
7	Pubblicazione generale	4.000	8.000	*Ogni pubblicazione è letta da 2 persone*
8	Catalogo delle mostre	3.000	6.000	*Ogni catalogo è letto da 2 persone*
9	Inviti	2.000	4.000	*Ogni invito è letto da 2 persone*
	Totale contatti		**773.000**	
	Intervento Main Sponsor		80.000	*Costo per acquistare la visibilità proposta*
	CPM		**103,49**	*Costo per 1000 contatti (80.000 : 773)*

CPM della sponsorizzazione = 103,49. È tanto, è poco? Per rispondere è necessario effettuare una comparazione con il costo contatto di altri strumenti di comunicazione alternativi alla sponsorizzazione.

Costo per mille contatti (CPM)			
Qualche esempio			
mezzo	**costo medio**	**contatti medi (x 000)**	**CPM**
radio	800	400	2
free press (inCittà, ecc.)	10.500	1.500	7
TV	32.000	4.000	8
quotidiani	25.000	2.500	10
internet			15
periodica	16.000	200	80
periodica specializzata	2.000	10	200

(fonte: Romagnoli, S., *Seminario sulle Sponsorizzazioni - Lezione 7: valutare le proposte di sponsorizzazione,* lucidi, Roma, 2011)

Dai costi per mille contatti sopra citati vediamo che il CPM della nostra sponsorizzazione si avvicina, superandolo, a quello da sostenere per l’acquisto di una pagina pubblicitaria su una rivista periodica (CPM: 80).

Come si diceva, siamo in un campo abbastanza soggettivo, però mi permetto di sottolineare che il target di un evento è generalmente molto omogeneo e mirato, e probabilmente il mezzo di comunicazione verso cui confrontarsi è più la pagina pubblicitaria sulla stampa periodica specializzata che non su quella generalista, in cui gli interessi delle persone sono molto più diversificati: chi partecipa a un evento ha generalmente un interesse consistente nei confronti dell'oggetto della manifestazione (e dei valori comunicati).

Infine facciamo un'ultima considerazione: quanto si paga il Pay-per-click su Facebook o Google? Come sappiamo, si tratta di un'asta correlata a parole-chiave e quindi è un costo molto variabile (in ragione della popolarità della parola selezionata), costo che comunque si muove mediamente in un range che va tra 0,20 e 1,20 euro per click (200-1200 euro per mille click). Questo dato mi porta ancora una volta a sottolineare che più il contatto è mirato (e chi clicca su un'inserzione di Facebook o di Google è molto interessato ai contenuti cliccati), più ha valore. E negli eventi trovi in genere un pubblico specializzato.

SEGRETO n. 19: compara la tua proposta di

sponsorizzazione con i valori di mercato: puoi confrontarti con progetti di sponsorizzazione concorrenti oppure puoi calcolare il costo contatto del tuo evento e raffrontarlo con quello di strumenti di comunicazione alternativi.

Come predisporre una proposta di sponsorizzazione

A questo punto hai una quantificazione del costo da proporre e dei benefici correlati con le varie tipologie d'intervento di sponsorizzazione. Puoi quindi iniziare a pensare a come presentare la proposta nel modo migliore per ottenere l'interesse del tuo interlocutore.

Nella mia attività ho sperimentato che per presentare adeguatamente una proposta di sponsorizzazione occorrono due documenti:

- uno nel quale si presenta l'evento *in modo sintetico* nelle sue caratteristiche generali, per far capire di che tipo di manifestazione si tratta, con quali valori e obiettivi, quali pubblici di riferimento e quali modalità di realizzazione; l'utilità di questo documento sta nella sua capacità di attrarre l'interesse senza appesantire con inutili dettagli nella prima fase di approccio; occorre dimostrare di avere i *pre-requisiti* già citati (coerenza di valori e market match);

- il secondo documento, invece, sarà *più specifico* delle caratteristiche comunicazionali del progetto, con un dettaglio degli strumenti utilizzati, della loro diffusione e delle caratteristiche di evidenza che avrà la tipologia di investimento scelta dall'azienda (essendoci, come abbiamo visto, la possibilità di graduare l'intervento secondo le diverse disponibilità di budget).

I contenuti generali in una presentazione sintetica

Tra le diverse possibilità ho riscontrato particolarmente efficace la presentazione dei contenuti generali del progetto come se si trattasse di una presentazione in *slides*, da leggere in 3-5 minuti: carattere grande, poche frasi per pagina, ogni pagina *un argomento*.

Queste le tematiche:

- **gli obiettivi dell'iniziativa:** quali sono le esigenze cui dare risposta, i valori che stanno alla base del progetto, le finalità perseguite;

- **le attività:** attraverso quali azioni si vogliono raggiungere concretamente gli obiettivi prefissati;
- **l'organizzazione:** uno sponsor è sicuramente interessato a conoscere i responsabili della gestione dell'evento, quali sono le loro esperienze passate nel settore, che tipo di professionalità possono mettere in campo;
- **i pubblici di riferimento:** a chi si rivolge l'iniziativa, qui in modo sintetico, con una quantificazione dei contatti che saranno attivati; se non è la prima edizione del progetto è opportuno allegare uno studio sul pubblico in modo da far capire con chiarezza il suo profilo;
- **gli strumenti della comunicazione:** presentare un elenco dei mezzi che permetteranno di raggiungere il pubblico sopra definito;
- **benefits a fronte dell'intervento:** definire ambiti e possibilità (senza entrare in dettagli inutili in questa fase) attraverso cui sarà evidenziato l'intervento dello sponsor;
- **opzioni e costi d'intervento:** quali possibilità di collaborazione vi possono essere (sponsor principale, sponsor ufficiale, sponsor di singole iniziative, sponsor tecnico, ecc.) e un range di costi;

- **i contatti:** esplicitare chi è la persona che se ne occupa, con tutte le relative possibilità di contatto (email, cellulare ecc.).

Un documento **semplice, chiaro, conciso.** Questo tipo di presentazione deve essere tale da catturare l'interesse dell'interlocutore, chiarire la presenza dei pre-requisiti e aprire la possibilità, se la inoltri per posta o via email, di un contatto *vis-à-vis*. A questo scopo dovresti considerare eventuali adattamenti che possano ritagliare il tuo documento su misura dell'azienda destinataria.

Se non si tratta di una prima edizione, la presentazione generale va accompagnata con il materiale comunicazionale realizzato nelle precedenti edizioni (dépliant, brochure ecc.), in modo che il potenziale sponsor possa farsi un'idea del tono e delle caratteristiche di ciò che stiamo proponendo.

Avere poi la disponibilità di uno studio sul pubblico degli anni precedenti può veramente fare la differenza e darti una credibilità difficile da ottenere diversamente. La persona con la quale ti stai correlando riceve decine di proposte di sponsorizzazione: quante di queste si presentano in modo professionale? A proposito di come operare uno studio sul pubblico ho parlato a lungo in Organizzare Eventi. Inoltre sul mio sito ne troverai un esempio.

I dettagli dei contenuti comunicazionali in un apposito documento
Come detto, alla proposta generale occorre far seguire, se vi è l'interesse, un progetto di sponsorizzazione più dettagliato, con il quale si entra nello specifico delle possibilità d'intervento da parte dello sponsor e delle contropartite (i benefici, o *benefits*) che otterrà a fronte delle diverse opzioni.

Nel documento occorre dunque esplicitare quale tipo di evidenza avrà ogni diversa tipologia di intervento su ciascun supporto comunicazionale, secondo le modalità di cui ti ho già parlato (vedi l'esempio della pubblicazione generale di qualche pagina addietro).

Dovrai inoltre aggiungere le opzioni di comunicazione che saranno offerte in occasione del contatto diretto con il pubblico: distribuzione di materiale promozionale dell'azienda, possibilità di *sampling*, quantità di biglietti omaggio per lo sponsor e i suoi invitati ecc. Aggiungi infine che ulteriori benefit per lo sponsor potranno essere concordati durante le fasi di negoziazione. Questo per non chiudere le porte a eventuali richieste specifiche che possono arrivare dalla controparte.

SEGRETO n. 20: per la presentazione della proposta di sponsorizzazione puoi creare due documenti, uno sintetico con il quale mirerai ad agganciare l'interesse del potenziale sponsor, e uno con tutti i dettagli del piano di comunicazione e dei benefici offerti a fronte di diverse tipologie di intervento.

Tutto è pronto, dunque. Andiamo sul campo di battaglia!

RIEPILOGO DEL CAPITOLO 3:

- SEGRETO n. 11: approfondisci l'analisi valoriale del tuo evento per definire quali imprese possono associare i propri valori e la propria cultura aziendale ai valori espressi dal tuo progetto.
- SEGRETO n. 12: dobbiamo definire qualitativamente e quantitativamente il nostro target obiettivo: è l'elemento di partenza per arrivare a capire quanto può valere il nostro progetto per lo sponsor.
- SEGRETO n. 13: per quantificare il costo della sponsorizzazione devi considerare il valore del contatto con il pubblico diretto, il valore dell'associazione di immagine comunicata al pubblico indiretto e a quello potenziale, infine devi comparare il costo così definito con i valori di mercato.
- SEGRETO n. 14: devi analizzare attentamente i valori e i pubblici di riferimento dei potenziali sponsor. Senza coerenza di valori e market match non si passa oltre la prima valutazione da parte dell'azienda: sono dei *pre-requisiti.*
- SEGRETO n. 15: un altro parametro fondamentale per valutare l'attrattività di una proposta di sponsorizzazione è il livello di visibilità offerto. Puoi dosare questa visibilità e

creare pacchetti di benefici di valore e costo differenziato.

- SEGRETO n. 16: puoi calcolare il valore dell'associazione d'immagine partendo dal costo degli strumenti di comunicazione e addebitando a ciascuna tipologia di sponsor una parte in relazione alla percentuale di visibilità complessiva ricevuta.
- SEGRETO n. 17: puoi quantificare il valore del contatto diretto con il pubblico considerando il costo che si dovrebbe sostenere per radunare in un ricevimento il numero delle persone previste per il tuo evento; attribuisci il costo alle diverse tipologie di sponsor secondo la percentuale di visibilità assegnata.
- SEGRETO n. 18: somma il valore del contatto diretto con quello dell'associazione d'immagine e aggiungi un margine di sicurezza per la negoziazione ed eventuali intermediari: otterrai così il costo finale delle proposte di sponsorizzazione.
- SEGRETO n. 19: compara la tua proposta di sponsorizzazione con i valori di mercato: puoi confrontarti con progetti di sponsorizzazione concorrenti oppure puoi calcolare il costo contatto del tuo evento e raffrontarlo con quello di strumenti di comunicazione alternativi.

- SEGRETO n. 20: per la presentazione della proposta di sponsorizzazione puoi creare due documenti, uno sintetico con il quale mirerai ad agganciare l'interesse del potenziale sponsor, e uno con tutti i dettagli del piano di comunicazione e dei benefici offerti a fronte di diverse tipologie di intervento.

CAPITOLO 4:
Come ottenere e gestire la sponsorizzazione

Abbiamo dunque preparato la documentazione per presentare il nostro progetto agli sponsor, definendo anche diverse tipologie d'intervento in relazione a differenti disponibilità di budget.

Cosa dobbiamo fare, ora, per attuare il nostro obiettivo? Ecco le fasi che ci attendono:

- raccolta delle informazioni e analisi delle opportunità;
- primo approccio con i potenziali sponsor;
- negoziazione;
- stesura del contratto;
- gestione della relazione e dell'operatività;
- misurazione dei risultati.

Come raccogliere le informazioni e analizzare le opportunità

Ogni evento, abbiamo detto, può costituire un mezzo che collega un'azienda con il suo pubblico. A quali aziende sul mercato interessa raggiungere lo stesso pubblico che noi raggiungiamo? Cerchiamo di rispondere a questa domanda definendo innanzitutto a quali fonti di informazione possiamo attingere.

Google e i motori di ricerca su internet

Prova innanzitutto a immaginare quali prodotti potrebbero idealmente abbinarsi al tuo evento e ai suoi pubblici di riferimento: è un evento *glamour*? Allora puoi considerare la moda, i prodotti di lusso, le auto di alta gamma, i superalcolici ecc.; è piuttosto un evento con un target di età elevata? Il turismo culturale ha lo stesso target, definito dagli anglosassoni con la sigla WHOP: wealthy, healthy older people (persone benestanti, in salute e avanti con l'età).

Considera allora le agenzie di viaggi, le aziende di prodotti eno-gastronomici (cantine vinicole, industrie casearie, produttori e negozi specializzati, supermercati), le assicurazioni, le banche ecc. Prova a fare delle ricerche su Google, delimitando l'area, e con parole chiave attinenti ai prodotti, e cerca di approfondire i risultati. Come si presentano le aziende in questione?

La stampa locale e nazionale, le riviste di settore

Consulta i portali su internet, sfoglia giornali e riviste alla ricerca di notizie su eventi similari. Chi ha sponsorizzato manifestazioni analoghe alla tua in passato? Chi sono i loro concorrenti?

La stampa finanziaria

È importante informarsi sullo stato di salute dell'azienda che stai considerando. È in crisi, sta licenziando, o al contrario sta investendo in iniziative di comunicazione per farsi conoscere? Se non c'è disponibilità di budget, non avrai la sponsorizzazione, nemmeno se il tuo evento è perfetto per quell'azienda.

Le guide (di categoria, Guida Monaci, Pagine Gialle ecc.)

Per avere informazioni più capillari, in particolare su specifiche situazioni territoriali, per esempio su aziende che al momento non hanno ancora attivato particolari campagne di comunicazione e quindi non sono su internet e sui giornali, puoi ricorrere a database e indirizzari specifici per settore. Però, attenzione: se un'azienda non ha mai investito nelle sponsorizzazioni, può significare che non ha fiducia nello strumento e quindi sarà un'impresa ardua.

Gli sponsor delle tue attività

Possono darti qualche idea di aziende con cui loro collaborano e che avrebbero piacere di coinvolgere nel vostro progetto. Se è il caso, potresti chiedere di favorire il contatto.

Gli sponsor di eventi di altre organizzazioni

Può essere che non siano soddisfatti degli eventi che stanno sponsorizzando. Però non fare l'errore di andare a criticare le manifestazioni che stanno sostenendo. Anche se quello che dici è vero, riterranno comunque la tua critica strumentale e di parte. Puoi convincerli solo presentando una proposta migliore: più professionale e più conveniente.

La rete di amici e conoscenze

A partire dai membri del Consiglio direttivo della tua organizzazione. In realtà questo è spesso il canale più diretto per arrivare a incontrare il marketing manager dell'azienda cui miri.

I fornitori degli enti sostenitori del tuo evento

In particolare se sono Enti locali, e specialmente se stai cercando sponsor tecnici. Vuoi per esempio organizzare un trasporto dalla vicina città alla sede del tuo evento, perché pensi che il tuo target non abbia o non voglia utilizzare mezzi di trasporto autonomi? Il tuo Comune si appoggia sicuramente a un fornitore per organizzare i pullmini che portano i bambini a scuola o all'asilo. Potresti chiedere al Sindaco di intercedere affinché l'azienda di trasporti provveda al servizio gratuitamente o per le sole spese in cambio di pubblicità.

Come trasformare un elenco di aziende in una lista di potenziali sponsor

Grazie alle fonti d'informazione sopra elencate sei riuscito a creare un elenco di aziende che potresti potenzialmente contattare. Le contatti tutte? Dipende dal numero; forse è meglio definire una lista di priorità. Come trasformare un elenco di aziende in un portafoglio di potenziali sponsor? Occorre un'ulteriore attività di *intelligence.*

Di ogni azienda dovresti recuperare altre informazioni. In particolare dovresti creare un database inserendo dati precisi sui seguenti ambiti:

- le tipologie di prodotti e i relativi mercati di riferimento;

- i concorrenti diretti (come si muovono a livello comunicazionale, quali iniziative sponsorizzano);
- gli interventi di sponsorizzazione promossi in passato dall'azienda (quali progetti hanno sponsorizzato, con quale modalità e con quale intensità di investimento; questo dice molto sulla sensibilità o meno nei confronti delle sponsorizzazioni come strumento di comunicazione e sul budget che destinano a questo mezzo);
- gli uffici responsabili delle politiche di comunicazione (hanno anche un ufficio di relazioni esterne oltre all'ufficio marketing?);
- nome e recapiti dei dirigenti (puoi trovarli sul sito aziendale o su articoli di stampa, magari insieme alle loro dichiarazioni – raccogli questi articoli, potranno esserti utili nella relazione personale che potrai instaurare).

Fatto questo, un ulteriore passo è individuare le motivazioni della possibile associazione d'immagine con il nostro evento, ossia una *connessione* della nostra proposta con:

- i prodotti dell'azienda e la loro immagine e a quali valori fanno riferimento;

- il target dei prodotti: giovani, donne, anziani, sono anche il nostro pubblico?
- gli obiettivi di relazioni pubbliche: dalla ricerca sulla stampa, dai comunicati aziendali, dalle news del loro sito emerge una linea di comunicazione precisa nei confronti dei soggetti dell'ambiente esterno o interno all'azienda? Se gli enti pubblici sono tra i destinatari privilegiati della loro comunicazione (ad esempio, puoi trovare tra le news di una visita del tale assessore alla sede aziendale, di un incontro dell'Amministratore delegato con il Presidente della Provincia, o della firma di un accordo per un progetto tra l'azienda e l'Amministrazione Comunale), è un bene se il Comune o la Provincia sono tra gli enti promotori dell'evento (includiamo nel progetto un incontro o una cena con sponsor e promotori), se invece emerge una politica di incentivi ai dipendenti, potremmo offrire tra i benefit della sponsorizzazione un certo numero di biglietti gratuiti per i dipendenti scelti dall'azienda;
- la localizzazione degli stabilimenti o degli uffici: è al centro della nostra area di riferimento? Sostenere le attività dell'area, significa condividere la vita sociale della comunità e in alcune occasioni vi è la necessità da parte dell'azienda di rinsaldare le

relazioni con la cittadinanza.

SEGRETO n. 21: attraverso le varie fonti di informazione crea una lista di aziende potenzialmente in linea con il tuo evento e successivamente approfondisci le connessioni della tua proposta con le politiche e le caratteristiche aziendali.

Come favorire un approccio vincente con il potenziale sponsor

Con le informazioni che ora hai acquisito sei in grado di definire la lista delle aziende da contattare, con vari livelli di priorità. Nel prendere contatto con un'impresa ti suggerisco di iniziare dalla persona più alta in grado dell'ufficio preposto agli interventi di comunicazione, ossia da chi ha potere decisionale sul budget: se non potrà visionare la proposta direttamente, la girerà a un collaboratore, che ovviamente sarà tenuto a dare la dovuta attenzione all'incarico ricevuto.

Inoltre ricorda che l'iter valutativo può essere più lungo di quanto ti aspetti: manda quindi le proposte con *congruo anticipo*. Anche perché non c'è niente di peggio, in una negoziazione, che far capire di essere a corto di tempo: dovrai accettare qualsiasi controproposta.

Un'ultima pressante raccomandazione, che dovrebbe essere inutile dopo quello che abbiamo detto: *evita l'autoreferenzialità.* È spesso autoreferenziale l'approccio di molte organizzazioni, in particolare quello di numerose amministrazioni pubbliche, che così si presentano: «*Abbiamo questo progetto, per noi è importante, ci servono queste risorse quindi questo è il suo prezzo*».

Niente di più sbagliato: occorre infatti rovesciare diametralmente i termini della questione: «*Abbiamo questo progetto, molto importante per il pubblico cui è riferito. Ha questi valori di comunicazione, che riteniamo coerenti con le vostre esigenze. Il prezzo che proponiamo è equo se non conveniente rispetto al valore complessivo delle contropartite assicurate e in confronto agli altri strumenti di comunicazione disponibili sul mercato*».

Infine, il contatto. Per avere l'attenzione della controparte è importante attivare il contatto con il maggior peso possibile: sarebbe utile per esempio far anticipare la richiesta di appuntamento al responsabile della comunicazione in azienda da un referente autorevole (ad esempio il Sindaco o l'Assessore) che annuncia, a voce o per iscritto, il progetto al Presidente o al Direttore Generale dell'impresa: «*Stiamo programmando un evento importante*; *vorremmo verificare le possibilità di una collaborazione negli aspetti comunicazionali. Se è d'accordo, farei illustrare l'iniziativa dal nostro responsabile al Vostro Direttore delle Relazioni Esterne*».

L'introduzione di un referente importante è fondamentale se vuoi avere un incontro in tempi rapidi e una sufficiente attenzione per quanto andrai a illustrare. Le aziende ricevono numerosissime richieste di sponsorizzazione, spesso richieste che non hanno alcuna attinenza con l'azienda e quindi nessuna rilevanza per la stessa. I responsabili della comunicazione sono pertanto poco motivati a dare il loro tempo e la loro attenzione a perfetti sconosciuti. Una richiesta inviata "a freddo", ossia senza un'adeguata introduzione, ha un futuro difficile. È il caso di dire che in quest'ambito le relazioni che puoi attivare sono fondamentali e si rivelano ancora una volta una risorsa strategica per la tua organizzazione.

SEGRETO n. 22: l'approccio con lo sponsor è un momento delicato. Se puoi farlo tramite un referente autorevole, la tua proposta avrà più peso e sarà valutata con maggiore attenzione.

Come negoziare con successo

Ottenuto l'appuntamento, è importante che la persona che incontra lo sponsor sia in grado di "vendere" il progetto. E qui occorrono competenze specifiche nell'ambito della negoziazione.

Ti offro qui alcune indicazioni, suggerendoti comunque di allargare la tua conoscenza sulle tecniche di vendita, se ne hai bisogno, anche attraverso pubblicazioni *ad hoc*. Innanzitutto, non iniziare il colloquio partendo in quarta con il tuo progetto. Comincia al contrario con il fare domande capaci di suscitare l'interesse del tuo interlocutore prima di avanzare l'offerta: vai a scoprire il suo territorio e cerca di agganciare la tua proposta a quello che ti dirà. In realtà, come abbiamo visto pocanzi, dovresti già conoscere che tipo di relazione ha il tuo evento con l'azienda e quindi le domande che farai dovranno portare l'interlocutore a confermare cose che già conosci e che possono fornirti l'aggancio per partire con la tua presentazione. Le tue domande dovranno tuttavia permetterti di chiarire anche ambiti difficili da conoscere all'esterno dell'azienda, quali, ad esempio, chi istruisce il processo di sponsorizzazione, in base a quali criteri si decidono gli interventi, chi ha la parola decisiva, e come vengono valutati i risultati. In base al già citato studio svolto dall'Osservatorio culturale della Regione Lombardia (*La sponsorizzazione culturale in Lombardia*), abbiamo alcune importanti informazioni generali su questi argomenti.

Chi istruisce la pratica: per lo più gli Uffici relazioni esterne e marketing.

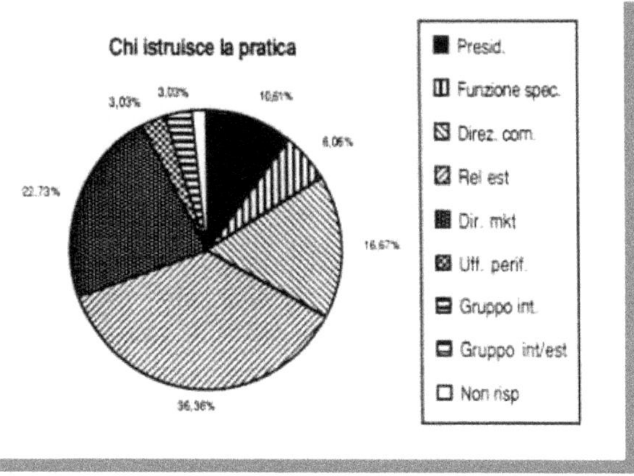

Chi decide: per più di un caso su due è la Direzione marketing.

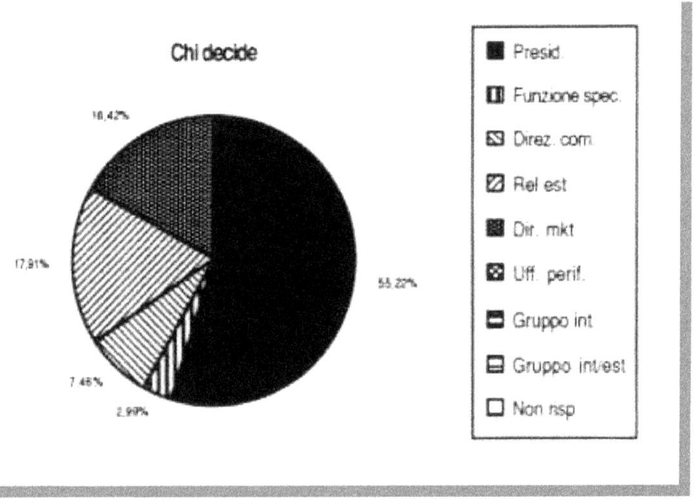

L'ordine di importanza dei criteri di selezione: la coerenza con gli obiettivi di relazioni pubbliche e marketing è il criterio principale, seguito da un efficiente rapporto costi/benefici (il costo contatto) e dalla qualità e prestigio dell'evento.

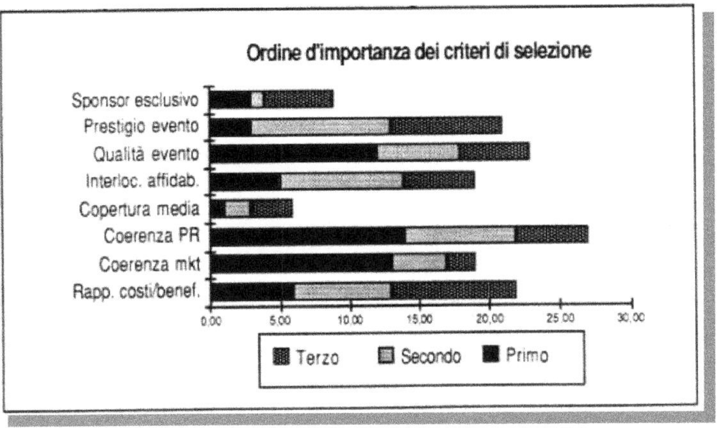

Infine, la *verifica dei risultati* nella pratica viene per lo più affidata all'analisi della copertura fatta dai media sull'evento (che incide sul costo contatto) e alla valutazione dei dati di partecipazioni del pubblico alle manifestazioni e quindi del successo riscontrato.

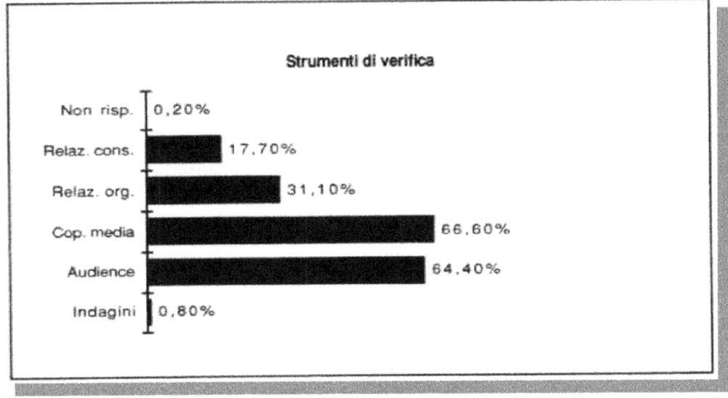

Tornando alla negoziazione, vorrei illustrarti una metodologia, piuttosto conosciuta nel mondo delle vendite, che potrebbe esserti di aiuto. Si tratta di un processo che definisce le diverse fasi con un acronimo: DIPADA, ossia:

- *D*efinizione;
- *I*dentificazione;
- *P*rova;
- *A*ccettazione;
- *D*esiderio;
- *A*zione.

Vediamole una ad una. *Definizione* di che cosa?

- dei bisogni;
- dei desideri.

Ho già accennato all'opportunità di iniziare con delle domande: fai domande sulle reali necessità, o anche sui desideri del tuo interlocutore nel *suo* ambito di interesse (comunicazione, relazione pubbliche, marketing, immagine). Se saprai accendere il suo interesse, avrai la sua attenzione.

Identificazione: sulla base delle informazioni ricevute dovrai cercare di identificare la tua proposta come possibile risposta ai *suoi* bisogni e desideri, soprattutto in termini di contenuti valoriali, opportunità di comunicazione e di qualificazione delle relazioni con la clientela. È quindi il momento di descrivere il progetto, partendo dall'idea generale e sottolineando gli elementi di connessione del progetto con l'azienda e in particolare quelli per i quali la proposta si differenzia da altre.

A questo punto arriveranno delle *obiezioni*: «Facciamo già iniziative di questo genere, queste manifestazioni sono troppo elitarie, l'evidenza che ci offrite non è sufficiente, è un intervento troppo costoso [...]». Non ti lasciar scoraggiare. Le obiezioni sono un appello per un'informazione più chiara e particolareggiata su alcuni ambiti specifici, sui quali il tuo interlocutore è evidentemente sensibile. Sii pronto a controbattere con opportune motivazioni (preparandole preventivamente, e in ogni caso dopo qualche colloquio conoscerai la varietà delle possibili obiezioni e ti sarai fatto un'idea delle argomentazioni che puoi mettere sul tavolo per chiarirle), ma sii anche preparato a recepire le indicazioni del tuo interlocutore apportando cambiamenti alla proposta con spirito collaborativo.

Prova: se sei in grado di *provare* l'efficacia delle tue affermazioni, avrai di sicuro l'interesse dell'interlocutore. Se ad esempio dopo avere parlato dei pubblici di riferimento dell'evento, che possibilmente coincideranno con i segmenti di mercato dell'azienda, sei in grado di dimostrare il grado di attrazione della proposta per pubblici specifici attraverso uno studio sul pubblico, sarai riuscito ad accendere ulteriormente l'attenzione della controparte.

Accettazione della prova che hai appena messo sul tavolo, attraverso una domanda di controllo: «Sono riuscito a rendere il grado di efficacia del progetto, le è rimasto qualche dubbio?»

Desiderio: la controparte non deve solo comprendere che quello che proponiamo è valido, deve anche desiderare ciò di cui ha bisogno, solo così potrai chiudere la negoziazione con successo. Devi far leva sui concetti di *utilità, efficacia, soddisfazione, piacere.* Aggiungi alcune argomentazioni pratiche. Per esempio: a conclusione dell'evento le forniremo materiale fotografico, rassegna stampa, uno studio sul pubblico, e tutto ciò che le può servire per dimostrare in azienda l'efficacia dell'intervento. Se poi scopri che c'è un interesse personale per qualcosa di attinente al tuo evento (l'incontro personale con l'Artista, qualche biglietto in più da gestire autonomamente ecc.), non esitare a coinvolgere direttamente la tua controparte: un motivo in più per accendere il desiderio.

Azione: non lasciare nel vago ciò che succede dopo che vi lasciate, ma definisci gli step, anche dal punto di vista temporale. Ovviamente quello che ti ho descritto è un metodo di approccio che non devi considerare in modo rigido. Può in ogni caso costituire una griglia di lavoro che può esserti d'aiuto per chiarirti le idee e proporti in modo efficace.

Nella pratica, considera che normalmente il tuo interlocutore in azienda vorrà dimostrare di aver fatto un buon affare, per cui preparati a concedere qualcosa o, a parità di contributo, a offrire maggiore visibilità e ulteriori benefit, quelli che possono convincere definitivamente.

Non aspettare che le richieste ti arrivino dalla controparte. Cerca di capire quali ulteriori obiettivi potrebbe voler raggiungere lo sponsor e avanza opportuni suggerimenti personalizzati.

Forse il tuo interlocutore è alla ricerca di un'occasione di vendita diretta di prodotti durante l'evento, o potrebbe trovare utile la creazione di un database di persone interessate al prodotto, facendo compilare un coupon che dà diritto a sconti; o ancora gradirebbe occasioni di incontro con particolari *stakeholders* per approfondire i rapporti.

SEGRETO n. 23: sii pronto a interpretare eventuali ulteriori necessità che emergono nei colloqui con la controparte e proponi benefit appositamente ideati: la creatività durante la negoziazione è fondamentale.

In ogni caso l'importante è che si arrivi alla firma dell'accordo con buona soddisfazione di entrambe le parti.

Come stendere il contratto

Una volta raggiunto l'accordo, si passa alla stipula del contratto di sponsorizzazione, che ha forme diverse in funzione della tipicità dell'evento trattato.

Il contratto deve esplicitare tutte le possibili condizioni e opportunità di visibilità concordate con lo sponsor, a fronte dei corrispettivi in denaro, servizi o altre prestazioni assicurati allo sponsee. Ciò nonostante il mio consiglio è di mantenere molto sintetico il testo dell'accordo e di rimandare per il dettaglio a documenti allegati (contenuti o calendario dell'evento, piano di comunicazione, benefit ecc.), documenti che comunque costituiranno parte integrante del contratto.

Ecco un modello base:

CONTRATTO DI SPONSORIZZAZIONE

Tra

NOME SPONSEE (XXX), P.IVA e C.F. …….. , con sede in …………… in persona del Sig. .... suo legale rappresentante

e

NOME SPONSOR (YYY), P.IVA e C.F. …….. , con sede in …………… in persona del Sig. ....

suo legale rappresentante

Premesso

- che XXX organizza il progetto dal titolo ...., che consiste in .... da realizzarsi nel periodo .... (*eventualmente:* vedi Programma, allegato 1);
- che il progetto, per le sue caratteristiche comunicazionali, si presta alla realizzazione di accordi di sponsorizzazione in grado di offrire un valore tangibile a fronte dell'investimento profuso da aziende interessate ad affiancare la propria immagine di eccellenza a quella dei protagonisti delle manifestazioni;
- che YYY è azienda leader nel settore .... e intende collegare la sua immagine al progetto.

Tanto premesso le parti

Convengono

- che YYY interviene a sostegno del progetto in qualità di *Main Sponsor*. Il suo logo avrà evidenza in ogni attività di comunicazione effettuata prima, durante e dopo la realizzazione dell'evento (vedi i benefit specificati nel Piano di comunicazione – allegato 2);

- che a titolo di corrispettivo per quanto indicato nel precedente punto 1, YYY verserà un compenso omnicomprensivo di Euro ...., che sarà fatturato da XXX in due tranche: 20% in data ....; 80% a conclusione dell'evento. I pagamenti verranno liquidati a 30 giorni dall'emissione delle fatture;
- che tutte le prestazioni rese da XXX, ai sensi del presente contratto, si intendono concesse a YYY in esclusiva per il settore della ....;
- che il presente contratto ha validità a partire dalla data di sottoscrizione fino alla data conclusiva della manifestazione;
- che il presente atto è soggetto a registrazione solo in caso d'uso, ai sensi dell'art. 5 del D.P.R. 26 aprile 1986 n. 131;
- che le spese per eventuali tasse di registro e di bollo, come ogni altro onere o diritto inerenti e conseguenti al presente contratto, sono a carico di entrambi, in parti uguali;
- che per la definizione delle eventuali controversie che dovessero insorgere in ordine al presente contratto sarà competente esclusivamente il Foro di ....

Luogo, data

Letto, confermato e sottoscritto.

Firme

Come gestire la relazione

Firmato il contratto, il più sembrerebbe fatto. Ma non è vero. È invece di cruciale importanza gestire la relazione con lo sponsor, facendo attenzione a non trascurare importanti dettagli.

Interessanti e assolutamente condivisibili i consigli – indirizzati agli Enti pubblici, ma estensibili ad ogni altra tipologia di sponsee – espressi nel manuale *Guida operativa alle sponsorizzazioni nelle amministrazioni pubbliche* (Testa, P., a cura di, Presidenza del Consiglio dei Ministri, Dipartimento della Funzione Pubblica, Rubbettino Editore Srl, Soveria Mannelli, Catanzaro, 2003):

- nominare un *team di progetto*, misto tra Ente e Azienda;
- darsi obiettivi quantitativi e qualitativi, ovvero approfondire ancora una volta le esigenze dello sponsor, ricercare i contenuti più coerenti, condividere una strategia e un programma d'azione in cui il successo dello sponsor sarà altrettanto importante che quello del Progetto-Evento in

questione;

- dialogare apertamente, affrontando i problemi anziché eluderli: se trascurati si ripresenteranno inevitabilmente, resi più ingombranti dalla diffidenza e dal pregiudizio della controparte;
- considerare che l'azienda necessita di flessibilità, creatività, e problem solving, non di rigidità e burocrazia;
- non trascurare le gratificazioni al Top Management: la presenza ad una conferenza stampa; l'incontro con le autorità, con gli artisti o protagonisti dell'evento; l'idea giusta per consentire allo sponsor un'inaspettata attività di relazione con i suoi migliori clienti o referenti.

Vorrei sottolineare in particolare il prezioso suggerimento circa l'opportunità di costituire un team di progetto con i rappresentanti dell'azienda. Questa è una tendenza importante degli ultimi tempi. Infatti le aziende si accontentano sempre meno di utilizzare solo l'evento come mezzo di comunicazione.

Tendono invece sempre di più a valorizzare la sponsorizzazione, integrandola con altri strumenti di comunicazione aziendale e altre attività collaterali (newsletter, filmati virali sul web, concorsi o adesioni alla pagina Facebook per un biglietto omaggio, eventi di varia natura) allo scopo di massimizzarne l'efficacia e migliorare l'effetto positivo sull'immagine di marca, incrementare vendite e consumi e sviluppare attività di relazioni pubbliche con i diversi target.

SEGRETO n. 24: per gestire al meglio la relazione con lo sponsor proponi di creare un Team di Progetto misto che possa supervisionare ed eventualmente intervenire sulla gestione dell'evento: potrai così evitare che le aspettative della controparte non siano pienamente soddisfatte.

Come valutare i risultati

Al termine delle attività oggetto dell'accordo di sponsorizzazione, dovrai presentare un resoconto sui risultati ottenuti basato sulla documentazione che avrai provveduto a raccogliere durante la manifestazione: documentazione fotografica, rassegna stampa, statistiche sulla frequenza del pubblico alle manifestazioni ecc.

In particolare, per quanto riguarda la *rassegna stampa*, dovresti fare un lavoro di "taglia e incolla" (o "copia e incolla", se da portali web) per creare un book con l'evidenza di tutto quanto è stato pubblicato. Potresti anche spingerti a calcolare il *valore aggiunto* che gli articoli pubblicati hanno portato a promotori e sponsor: sappiamo, infatti, che gli annunci e le recensioni non sono a pagamento e quindi costituiscono pubblicità gratuita all'evento. Possiamo quindi calcolare, ad esempio, i centimetri quadrati di ogni articolo di giornale, sommarli e ottenere così la superficie complessiva: se la rapportiamo alla superficie di una pagina abbiamo il numero delle pagine di evidenza gratuita di cui ha goduto l'evento. Se poi moltiplichi il numero delle pagine per il costo di una pagina pubblicitaria avrai il valore supplementare che la manifestazione offre allo sponsor, valore che non avrebbe dai normali interventi pubblicitari. Non si tratta di cose di poco conto: per determinate manifestazioni di livello nazionale si hanno decine di pagine di rassegna stampa, e calcola che il costo di una pagina pubblicitaria di un quotidiano nazionale si aggira sui 25.000 euro!

Infine, sarebbe molto professionale offrire anche i risultati sullo *studio del pubblico*, che, oltre a fornire innumerevoli informazioni e suggerimenti sulla gestione manageriale, permette di fotografare esattamente il profilo del pubblico, ossia il target della manifestazione. Sui benefici informativi di questo strumento ho trattato approfonditamente in Organizzare Eventi. Allo sponsor potrà interessare quali sono i commenti espressi dai partecipanti, che tipo di coinvolgimento emozionale hanno avuto (entusiasta o critico), come ne hanno parlato nel loro ambiente di riferimento (se è consistente la fascia di persone che ha ricevuto l'informazione da amici e conoscenti è un buon segno).

SEGRETO n. 25: a conclusione dell'evento fai avere allo sponsor un resoconto sui risultati registrati. In particolare fornisci immagini, rassegna stampa e dati di afflusso. Uno studio sul pubblico sarebbe inoltre un ultimo segno di grande professionalità.

La raccolta di tutta questa documentazione ha anche un secondo scopo fondamentale, non meno importante: quello di darti gli strumenti per "vendere" le edizioni future!

Perché dopo questo evento ce ne saranno molti altri, giusto?

RIEPILOGO DEL CAPITOLO 4:

- SEGRETO n. 21: attraverso le varie fonti di informazioni crea una lista di aziende potenzialmente in linea con il tuo evento e successivamente approfondisci le connessioni della tua proposta con le politiche e le caratteristiche aziendali.
- SEGRETO n. 22: l'approccio con lo sponsor è un momento delicato. Se puoi farlo tramite un referente autorevole, la tua proposta avrà più peso e sarà valutata con maggiore attenzione.
- SEGRETO n. 23: sii pronto ad interpretare eventuali ulteriori necessità che emergono nei colloqui con la controparte e proponi benefit appositamente ideati: la creatività durante la negoziazione è fondamentale.
- SEGRETO n. 24: per gestire al meglio la relazione con lo sponsor proponi di creare un Team di Progetto misto che possa supervisionare ed eventualmente intervenire sulla gestione dell'evento: potrai così evitare che le aspettative della controparte non siano pienamente soddisfatte.
- SEGRETO n. 25: a conclusione dell'evento fai avere allo sponsor un resoconto sui risultati registrati. In particolare fornisci immagini, rassegna stampa e dati di afflusso. Uno

studio sul pubblico sarebbe inoltre un ultimo segno di grande professionalità.

Conclusione

Dopo quest'articolato *excursus* nel mondo della sponsorizzazione, hai imparato a conoscere lo strumento e forse anche tu ora penserai che Umberto Agnelli aveva ragione quando diceva che la sponsorizzazione è la più intelligente forma di comunicazione, per le relazioni esterne e pubbliche a noi disponibile oggi.

Però poneva una condizione: "se ben fatta". Avrai infatti capito l'importanza di una serie di fattori che possono fare la differenza. Innanzitutto i pre-requisiti, ossia il *market match* e la *coerenza* tra i valori espressi dall'evento e quelli che informano la cultura aziendale. Avrai compreso l'importanza di quantificare il *valore dell'associazione d'immagine* e il *valore del contatto diretto* con il pubblico.

Infine una sponsorizzazione è "ben fatta" se vi è da parte dell'azienda l'impegno di integrarla con le altre strategie di comunicazione che essa stessa pone in essere, in modo da valorizzare il suo investimento e dargli maggiore efficacia.

Quella delle sponsorizzazioni è una “torta”, una risorsa, che anche a livello locale può essere di dimensioni consistenti e anche tu puoi averne una parte.

È finito però il tempo in cui si otteneva il supporto economico di un’azienda solo perché si conosceva la moglie dell’Amministratore delegato o l’amico dell’amico. Ovvero, questo può essere ancora d’aiuto per avere un appuntamento (perché per amicizia un appuntamento non si nega a nessuno), ma se vuoi passare alla fase successiva e accedere al budget comunicazionale dell’impresa allora devi garantire la massima professionalità.

Devi cioè imparare le corrette modalità di redazione del progetto di sponsorizzazione, devi saper analizzare i bisogni delle aziende e offrire loro delle adeguate opportunità di comunicazione, saper negoziare un contratto e conoscere come gestire al meglio la relazione con le imprese che avranno fiducia in te.

Sono convinto che se ti applicherai con serietà su questi concetti e sulle strategie che ti ho presentato, saprai correlarti in modo convincente con il mondo aziendale e potrai così avere adeguate soddisfazioni professionali ed economiche.

Il mondo imprenditoriale ha infatti compreso l'importanza della sponsorizzazione come elemento di punta di una strategia integrata di comunicazione, che miri ad accrescere i contenuti valoriali della propria immagine e della propria cultura aziendale. In questa relazione tra economia, valori e cultura sta il segreto della sponsorizzazione.

Viene alla mente una frase di *Bertrand Russel*, filosofo e matematico inglese del '900, che ebbe a dire: «Utilità e cultura sono meno incompatibili di quanto appaia agli occhi di chi sostiene unilateralmente o l'una o l'altra». Un pensiero lungimirante.

In bocca al lupo!

www.ingramcontent.com/pod-product-compliance
Ingram Content Group UK Ltd.
Pitfield, Milton Keynes, MK11 3LW, UK
UKHW022017190726
13853UKWH00005B/1980

9 788861 745124